센스 있는
현지 영어회화

센스 있는 현지 영어회화

지은이 에디 리
펴낸이 임상진
펴낸곳 (주)넥서스

초판 1쇄 발행 2024년 1월 5일
초판 8쇄 발행 2024년 9월 12일

출판신고 1992년 4월 3일 제311-2002-2호
10880 경기도 파주시 지목로 5
Tel (02)330-5500 Fax (02)330-5555

ISBN 979-11-6683-663-3 13740

www.nexusbook.com

센스 있는 현지 영어회화

50개 상황에서
원어민처럼 살아남기

에디 리 지음

넥서스

제 책상 위에 붙어 있는 수많은 메모지 중 가장 눈에 띄는, 제 삶의 좌우명이
자 이제껏 제가 크고 작은 일들을 이룰 수 있게 도와준 한마디가 있습니다.

"Play incremental long ball."

'incremental'은 '점진적인', 'play long ball'은 '장기전을 하다'라는 뜻입니다.
조급하게 주먹구구식이 아닌, 꾸준히 하루하루 정성스럽게 노력하다 보면 상
상 그 이상의 일들을 이룰 수 있다는 뜻입니다.

저는 성격이 급합니다. 매번 단기적인 성과 달성에 급급했고 즉각적인 결과물
에 행복감을 느꼈습니다. 눈에 보이는 결과에만 집착했고, 결과가 보이지 않
겠다고 판단하면 시간 낭비라는 생각에 애당초 시작을 안 했습니다.

하지만 이러한 성격이 제 목표와 꿈에 도달하는 데 있어서 가장 큰 장애물이었
다는 것을 이 책을 쓰면서 깨달았습니다. 돌이켜 보면 결국 제 인생의 큰 물줄
기는 오랜 시간의 노력을 거쳐 이뤄진 것들이 대부분입니다.

일찍부터 해외 생활을 했고, 지금은 원하는 미국 회사에 취업을 했고, 한국에
서 교육 사업 및 프로젝트도 진행을 해 왔으며, 영어 교육 측면에서 어느 정도
전문성을 쌓게 된 것은 하루아침에 이뤄진 일들이 아니라, 인내심을 갖고 천
천히 한 발짝씩 앞으로 나아갔기에 이룰 수 있었습니다.

제겐 영어가 이러한 결과의 발판이자 나침반이었습니다. 어떻게 보면 제가 영어를 잘하는 것은 너무나 당연한 일입니다. 4살 때부터 미국 교육을 접하며 영어를 배울 수 있는 환경에 있었으니까요. 이것은 부정할 수 없는 행운입니다.

그런데 영어를 공부하면 할수록 단순히 좋은 발음으로 말을 빠르게 하는 것보다 좀 더 센스 있는 표현과 적절한 타이밍의 중요성, 그리고 관계 형성을 기반으로 하는 영어라는 언어 자체에 매료됐습니다. 유머러스한 영어를 넘어서, 저 자신만의 톤, 음색, 그리고 본연의 목소리를 찾기 위해 수없이 노력했던 기억이 아직도 생생합니다.

영어 공부는 결코 쉬운 여정이 아님을 너무나 잘 알고 있습니다. 투자한 시간과 노력에 비해 당장 눈에 띄는 결과가 없는 날들의 연속일 것입니다. 하지만 한 가지 확신하는 것은 그 수많은 답답한 날들이 지나면, 어느 순간 상상치도 못한 큰 보상을 얻을 수 있다는 것입니다.

아직 그런 보상을 받지 못한 분들께 제가 이 책을 통해 조금이나마 지름길을 알려 드리려고 합니다. 부디 이 책이 여러분의 긴 영어 공부 여정에 든든한 발판이 되었으면 합니다. 이미 첫 걸음을 내딛으셨다면 그 길고 어두운 여정을 조금이나마 밝혀 줄 손전등이라도 되길 바라는 마음입니다.

에디 리

STEP 1 | 100% 리얼 현지 상황 대화문

현지에서 실제로 일어날 수 있는 상황별 리얼 대화문을 먼저 학습해 보세요.

STEP 2 | 두려움 없이 Listening & 거침없이 Speaking

상황 속에서 상대방에게 들을 수 있는 모든 말을 모았습니다. 대화문에서 봤던 문장들은 복습하고, 처음 나오는 표현들은 새롭게 학습해 보세요. 대체할 수 있는 단어와 표현도 수록하여 더욱 풍부한 대화가 가능합니다.

상황 속에서 상대방에게 할 수 있는 모든 말을 모았습니다. 대화문에서 봤던 문장들은 복습하고, 처음 나오는 표현들은 새롭게 학습해 보세요. 직접 입으로 크게 연습해야 실제로 말할 수 있게 됩니다.

STEP 3 | 현지 문화와 팁, 추가 표현 학습

에디 선생님이 직접 겪으면서 느낀 현지 문화, 현지에서 유용하게 쓸 수 있는 생활 팁, 상황 속에서 추가로 활용할 수 있는 표현 등을 보너스로 배워 보세요.

STEP 4 | 복습용 동영상으로 실력 업그레이드

유튜브 '넥서스 랭귀지' 채널에서 모든 UNIT의 Listening과 Speaking 문장을 들어 보세요. 전체 문장을 반복하면서, 배운 내용을 확실히 내 것으로 만들 수 있습니다.

원어민 MP3 듣기

www.nexusbook.com
홈페이지에서 원어민 MP3
무료 다운로드 가능

책 속의 QR코드를 인식하면
원어민 MP3를
바로 확인할 수 있습니다.

MP3 듣기

Contents | 목차

1 공항에서

2 호텔에서

3 음식점에서

4 카페에서

5 쇼핑하기

6 일상에서

7 운전하기

8 여가 시간

9 응급상황

UNIT

01

Can I change my seat by any chance?

혹시 좌석을 바꿀 수 있을까요?

A Hello! I'd like to check in for my flight to Chicago.

B Of course, may I have your passport?

A Here you go.

B Perfect. You've been assigned to seat 27C.

A Can I change my seat to the one by the window by any chance?

B Sure, let me just quickly check. Would seat 15A work for you?

A Yes, it would!

B Great. Your flight will depart from Gate 7 and will begin boarding in an hour.

A 안녕하세요! 시카고행 비행기에 체크인을 하고 싶습니다.
B 물론입니다. 여권을 보여 주시겠어요?
A 여기 있습니다.
B 감사합니다. 27C 좌석에 배정되었습니다.
A 혹시 창가 좌석으로 변경할 수 있을까요?
B 물론입니다. 빠르게 확인해 보겠습니다. 15A 좌석 괜찮으신가요?
A 네, 좋아요!
B 좋습니다. 7번 게이트로 가시면 되고, 1시간 후에 탑승을 시작합니다.

안녕하세요, 오늘은 어디로
가시나요?

**Hi, where are you headed to
today?**

물론입니다. 여권 보여
주시겠어요?

**Of course, may I have your
passport?**

감사합니다. 27C 좌석에
배정되었습니다.

**Perfect. You've been assigned to
seat 27C.**

물론입니다. 빠르게 확인해
보겠습니다. 15A 좌석
괜찮으신가요?

**Sure, let me just quickly check.
Would seat 15A work for you?**
› How does seat 15A sound? 좌석 15A는 어떠세요?

좋습니다. 7번 게이트로
가시면 되고, 1시간 후에 탑승
시작합니다.

**Great. Your flight will depart from
Gate 7 and will begin boarding in
an hour.**

비행 시간은 3시간 반 정도
소요됩니다.

**The flight is about 3 and a half
hours.**
› a little over 3 hours 3시간 조금 넘습니다

최소 탑승 30분 전에 탑승구에
도착하는 것이 가장 좋습니다.

**It's best to arrive at the gate at
least 30 minutes prior to boarding.**

비행기에 탑승하실 때는
탑승권과 신분증을 꼭
준비하세요.

**Just be sure to have your boarding
pass and ID ready when you board
the plane.**

보안상의 이유로, 가방을
방치하는 것은 자제해 주세요.

› security purposes 안전상의 이유로

**For security reasons, please don't
leave any bags unattended.**
› keep an eye out for your bags
가방 잘 챙겨 주세요

안녕하세요! 시카고행 비행기에 체크인을 하고 싶습니다.

Hello! I'd like to check in for my flight to Chicago.

여기 있습니다.

Here you go.

혹시 창가 좌석으로 변경할 수 있을까요?

Can I change my seat to the one by the window by any chance?
> → if possible 가능하다면

네, 좋아요!

Yes, it would!

감사합니다. 제가 통로 쪽에 앉으면 긴장이 돼서요.

Thank you. I just get nervous sitting by the aisle.
> → when I sit by ~쪽에 앉으면

> → double check 확실히 하기 위해

게이트 입구는 푸드코트 왼쪽에 있는 거 맞죠?

Just to make sure, are the gates to the left of the food court?

여기서 시카고까지 얼마나 걸리는지 아세요?

Do you know how long the flight is from here to Chicago?

게이트에 언제까지 도착해야 하나요?

What time should I arrive at the gate?

알겠습니다. 제가 추가적으로 알아야 할 것이 있나요?

Got it. Is there anything else I need to know about my flight?

네, 기억해 두겠습니다. 도와주셔서 감사드려요!

Okay, I will remember that. Thank you for your help!

Q

쌤! 공항에서 체크인을 할 때 부치는 짐이 다양하잖아요? 우리가 여행하면서 가져가는 짐 가방의 종류가 다양하더라고요. 영어로는 어떻게 말하는지 알려 주세요.

맞아요. 우리가 공항에 들고 가는 짐의 종류는 상당히 많죠. 화물로 부쳐야 하는 가방도 있고, 편하게 들고 비행기에 타도 되는 가방도 있습니다. 공항에서 제일 자주 보이는 짐 가방 종류 6개를 정리해 봤습니다.

Suitcase	**Backpack**	**Duffel bag**
여행 가방(캐리어)	백팩	더플백
Rolling bag	**Messenger bag**	**Garment bag**
롤링백팩	메신저백	양복 케이스

여기서 중요한 점은 미국에서 '캐리어'라는 가방을 말할 때 'carrier'보다는 'luggage' 혹은 'suitcase'라고 하는 것이 상대방이 알아듣기 쉽고, 훨씬 자연스럽다는 거예요.

UNIT 02

Can you please watch my bag for a minute?

제 가방 좀 봐 주시겠어요?

A   Excuse me. Can you please watch my bag for a minute?

B   Of course! I'll keep an eye on it.

A   Thank you so much. I'm just trying to grab some coffee.

B   Yup, take your time.

A   Appreciate it. Can I get you anything by any chance?

B   That would be amazing. Can you get me an iced americano with four shots of espresso?

A   Yeah, for sure! Do you need to be awake for your flight?

B   Yeah, I have a book to write. Might as well get some work done during the flight.

A   실례합니다. 제 가방 좀 잠깐 봐 주시겠어요?
B   그럼요! 잘 보고 있을게요.
A   정말 감사합니다. 커피 좀 사오려고요.
B   네, 천천히 다녀오세요.
A   감사합니다. 혹시 뭐라도 좀 사다 드릴까요?
B   그래 주시면 감사하죠. 에스프레소 샷 4개 추가한 아이스 아메리카노 한 잔 사다 주시겠어요?
A   그럼요! 비행기에서 깨어 있어야 하셔서 그런 건가요?
B   맞아요. 책을 쓰고 있어서요. 비행기 타는 김에 작업을 좀 하려고요.

LISTENING

그럼요! 잘 보고 있을게요.	**Of course! I'll keep an eye on it.**
네, 천천히 다녀오세요.	**Yup, take your time.**
그래 주시면 감사하죠.	**That would be amazing.**

에스프레소 샷 4개 추가한
아이스 아메리카노 한 잔 사다
주시겠어요?

matcha latte 말차 라떼

**Can you get me an iced americano
with four shots of espresso?**

맞아요, 책을 쓰고 있어서요.

Yeah, I have a book to write.

I'm writing a book 책을 쓰고 있어요

비행기 타는 김에 작업을 좀
하려고요.

**Might as well get some work done
during the flight.**

on the plane 비행기에서

그나저나 벤모 아이디를 알려
주시면 제가 커피값을 보내
드릴게요.

wire transfer 온라인 송금

**By the way, I can Venmo you for the
coffee if you tell me your username.**

실례합니다. 제 가방 좀 잠깐 봐 주시겠어요?

keep an eye on 지켜보다 ·

Excuse me. Can you please watch my bag for a minute?

정말 감사합니다. 커피 좀 사오려고요.

· Appreciate it 감사합니다

Thank you so much. I'm just trying to grab some coffee.

혹시 뭐라도 좀 사다 드릴까요?

Can I get you anything by any chance? · Do you want 원하시는 게 있으신가요

그럼요!

Yeah, for sure!
· absolutely! 그럼요!

비행기에서 깨어 있어야 하셔서 그런 건가요?

Do you need to be awake for your flight?

그럴 필요 없어요! 커피는 제가 쏠게요.

No need! It's on me.
· I got it/you 제가 살게요

금방 돌아올게요.

I'll be back soon.

> 쌤! 미국에서 누군가에게 가방을 맡아 달라는 부탁을 해도 호의적으로 반응하나요? 어떻게
> 하면 상대방에게 더 자연스럽게 도움을 요청할 수 있을지 알려 주세요~

저도 개인적으로 잠시 화장실을 다녀올 때나 무언가를 사러 갈 때 옆에 계신 분에게 종 종 가방을 봐 달라고 부탁한 적이 있어요. 이런 부탁을 할 때 웃는 얼굴로 "Hi!" 혹은 "Excuse me."로 운을 띄우면서 부탁하면 대부분 기분 좋게 도와줘요. 끝에 'please'까지 붙여서 말하는 거 잊지 마시고요. 모르는 사람에게 공공장소에서 부탁을 할 수 있는 경우 는 아래와 같이 다양해요.

공항에서 가방을 봐 달라고 할 때

Hi! Can you please watch my bag for a second?

안녕하세요! 잠깐만 제 가방을 봐 주실 수 있나요?

카페에서 자리를 맡아 달라고 할 때

Excuse me, can you please save my seat?

실례지만, 제 자리 좀 맡아 주실 수 있으세요?

줄에서 앞에 설 수 있는지 물어볼 때

Hey, I'm in a real rush. Is it okay if I cut in front of you?

저, 제가 정말 급한데요. 앞에 설 수 있을까요?

누구나 도움이 필요한 경우가 있기 때문에, 이럴 때는 우물쭈물하지 말고 자신 있게 말을 걸어 보세요.

UNIT

03

I was wondering if it's possible to change my flight.

제 비행기를 바꿀 수 있을까 해서요.

A   Excuse me, I was wondering if it's possible to change my flight to one that doesn't have a layover.

B   Of course. I can check if there are any direct flights available. Can I have your booking reference number please?

A   Sure, it's WDY133.

B   Thank you. Please give me a second to look into currently available flights.

A   Take your time!

B   Okay, I see there's a direct flight that departs at 4:30 PM. Would you like me to make that change for you?

A   Yes, please. That would be great.

A   안녕하세요, 혹시 제 비행기를 경유하지 않는 비행기로 바꿀 수 있을까 해서요.

B   물론이죠. 이용 가능한 직항편이 있는지 확인해 드리겠습니다. 예약 번호를 알려 주시겠어요?

A   네, WDY133입니다.

B   감사합니다. 현재 가능한 항공편을 찾아보는 동안 잠시만 기다려 주세요.

A   천천히 하세요!

B   네, 오후 4시 30분에 출발하는 직항편이 있네요. 이 비행기로 바꿔 드릴까요?

A   네. 그렇게 해 주시면 감사하겠습니다.

물론이죠. 이용 가능한 직항편이 있는지 확인해 드리겠습니다.

Of course. I can check if there are any direct flights available.

→ see (확인해) 보다

예약 번호를 알려 주시겠습니까?

Can I have your booking reference number please?

감사합니다. 현재 가능한 항공편을 찾아보는 동안 잠시만 기다려 주세요!

Thank you. Please give me a second to look into currently available flights.

오후 4시 30분에 출발하는 직항편이 있네요.

Okay, I see there's a direct flight that departs at 4:30 PM.

→ leaves 떠나다

이 비행기로 바꿔 드릴까요?

Would you like me to make that change for you?

그렇게 해 드렸습니다. 좋은 여행 되세요!

All done, have a great trip!

→ wonderful 정말 좋은

추가로 50달러를 지불하시면 됩니다.

It looks like it will be an additional $50.

→ extra 추가적으로

확인 이메일이 곧 도착할 예정이니 확인 부탁드립니다.

You will receive a confirmation email shortly.

→ soon 곧

안녕하세요, 혹시 제 비행기를 경유하지 않는 비행기로 바꿀 수 있을까 해서요.

Excuse me, I was wondering if it's possible to change my flight to one that doesn't have a layover.
→ a direct flight 직항

네, WDY133입니다.

Sure, it's WDY133.

천천히 하세요!

Take your time!
→ No rush! 천천히 하세요!

네. 그렇게 해 주시면 감사하겠습니다.

Yes, please. That would be great.

변경으로 인한 추가 비용은 얼마인가요?

How much do I owe for the change?
→ need to pay 지불해야 하다

나쁘지 않네요. 신용카드로 결제할 수 있나요?

That's not too bad. Can I pay with my credit card?
→ cash 현금

알겠습니다. 도와주셔서 감사합니다.

Got it. I appreciate your assistance.
→ help 도움

WHAT'S UP 에디 쌤!

쌤! 비행기를 탈 때 알아야 할 표현들이 많잖아요. 공항에서 꼭 알아야 할 표현들을 영어로 어떻게 하는지 알려 주세요~

좋아요. 국내 여행을 할 땐 쉽게 말할 수 있는 것들이 영어로 하려면 생각이 안 날 수도 있어요. 특히 '수하물 찾는 곳'과 같은 용어를 모르면 큰 문제가 생길 수도 있죠. 공항에서는 항상 계획대로 되지 않는 경우가 많기 때문에 표현들을 제대로 알아 두는 것이 중요해요.

Baggage Claim
수화물/짐 찾는 곳

Overweight luggage
중량 초과된 짐/수화물

Customs
세관

Connecting flight
항공 연결편

Direct flight
직항

Layover
경유

Delay
지연

Refund
환불

Duty free shop
면세점

우리가 흔히 아는 표현들이라고 생각할 수 있지만 가끔 헷갈릴 수도 있기 때문에 여행하기 전에 꼭 외워 두세요.

UNIT 04

I just found out my flight has been canceled.

제 항공편이 방금 취소됐다고 나왔어요.

A Hi, I had a return flight to Indianapolis scheduled for tomorrow, but I just found out that it has been canceled.

B I'm so sorry. Would you like to reserve another flight?

A Yes, preferably departing tomorrow afternoon.

B Let me check the available options for you.

A Okay, thank you.

B It looks like we have a flight leaving tomorrow at 7:20 PM. Would that work for you?

A Yes, that works. What are the details of the flight?

B It's a direct flight to Indianapolis with American Airlines, departing at 7:20 PM and arriving at 11:11 PM.

A 안녕하세요, 내일 인디애나폴리스로 돌아가는 비행기가 있었는데, 방금 취소됐다고 나왔어요.

B 정말 죄송합니다. 다른 항공편을 예약하시겠습니까?

A 네, 가급적 내일 오후에 출발하는 것으로요.

B 가능한 항공편들을 확인해 보겠습니다.

A 네, 감사합니다.

B 내일 저녁 7시 20분에 출발하는 비행기가 있습니다. 괜찮으시겠어요?

A 네, 좋습니다. 비행 세부 사항 좀 알려 주시겠어요?

B 항공사는 아메리칸 항공이고, 인디애나폴리스로 가는 직항편이며, 저녁 7시 20분에 출발해서 11시 11분에 도착합니다.

정말 죄송합니다. 다른 항공편을 예약하시겠습니까?	**I'm so sorry. Would you like to reserve another flight?** └→ **book** 예약하다
가능한 항공편들을 확인해 보겠습니다.	**Let me check the available options for you.** └→ **flights** 항공편
내일 저녁 7시 20분에 출발하는 비행기가 있습니다.	**It looks like we have a flight leaving tomorrow at 7:20 PM.**
괜찮으시겠어요?	**Would that work for you?**
항공사는 아메리칸 항공이고, 인디애나폴리스로 가는 직항편이며, 저녁 7시 20분 출발 11시 11분 도착입니다.	**It's a direct flight to Indianapolis with American Airlines, departing at 7:20 PM and arriving at 11:11 PM.**
안타깝게도 그 좌석은 불가능합니다.	**already taken/booked** 이미 예약된 ←┐ **Unfortunately, that seat is not available on this flight.**
27G 좌석을 배정해 드렸습니다.	**I have assigned you seat 27G.**
더 도와드릴 일이 있을까요?	**Is there anything else I can assist you with?** └→ **help** 돕다
불편을 드려 죄송합니다, 좋은 여행 되십시오.	┌→ **We're sorry** 죄송하게 생각한다 **We apologize for the inconvenience and hope you have a pleasant flight.**

내일 인디애나폴리스로 돌아가는 비행기가 있었는데, 방금 취소됐다고 나왔어요.	**I had a return flight to Indianapolis scheduled for tomorrow, but I just found out that it has been canceled.**
네, 가급적 내일 오후에 출발하는 것으로요.	**Yes, preferably departing tomorrow afternoon.** · this Sunday 이번 주 일요일 next Monday 다음 주 월요일
네, 감사합니다.	**Okay, thank you.**
네, 좋습니다. 비행 세부 사항 좀 알려 주시겠어요?	**Yes, that works. What are the details of the flight?**
감사합니다. 같은 좌석으로 할 수 있을까요?	**Thank you. Can I keep my original seat assignment?**
네, 그렇게 부탁드립니다.	**Yes, please.**
그게 다예요. 도와주셔서 감사해요.	**That's all. Thank you for your help.**

Q

쌤! 저는 예전에 여행 가서 수하물이 도착하지 않았는데 뭐라고 물어봐야 할지 몰라서 한참 걱정한 적이 있어요. 공항에서 생기는 돌발상황이나 불편사항이 있을 때 말하는 표현 좀 알려 주세요.

해외여행을 할 때 가장 처음 겪는 상황이 공항일 텐데요. 여기서 돌발상황이 생기면 정말 당황할 수 있어요. 게다가 해야 할 말을 제대로 모른다면 아주 난감할 거예요. 여행 초반부터 공항에서 기분이 상할 수는 없죠! 필수로 알아야 할 표현을 몇 가지 알려 드릴게요.

- **My flight has been delayed.** 제 비행편이 지연되었어요.

- **I think my seat may have been double booked.**
  제 좌석이 중복 예약된 것 같아요.(내 자리에 다른 사람이 앉았을 때)

- **I missed my connecting flight.** 경유하는 비행기를 놓쳤어요.

- **Has my gate changed?** 게이트가 변경되었나요?

- **The gate has been closed. / The gate is closed.**
  게이트 문이 이미 닫혔어요.

- **My luggage still hasn't arrived. / I still haven't gotten my luggage.**
  제 수화물이 아직 도착하지 않았어요.

- **My luggage is overweight.** 제 수화물 무게가 초과되었어요.

- **My luggage has been damaged.** 제 가방이 부서져서 나왔어요.

- **I left my bag on the plane.** 가방을 비행기에 두고 내렸어요.

UNIT
05

Can I request a wake-up call?

모닝콜을 요청할 수 있을까요?

A   Hello, I'd like to check into my room.

B   Of course! May I have your name and reservation information?

A   It should be under Eddie.

B   Thank you, Mr. Lee. Here's your room key. You're staying in room 828.

A   Thank you. Can I request a wake-up call for 6 AM?

B   Absolutely, we can set that up for you.

A   Great, thank you!

B   You're welcome. If there is anything else you need, just give us a call.

A   Thank you, I will.

A 안녕하세요. 체크인을 하려고요.
B 네! 성함과 예약 정보 좀 알려 주시겠어요?
A 에디로 예약되어 있을 겁니다.
B 감사합니다. 방 열쇠는 여기 있습니다. 828번 방에 묵게 되실 거예요.
A 감사합니다. 혹시 아침 6시에 모닝콜을 요청할 수 있을까요?
B 물론입니다. 바로 설정해 드리겠습니다.
A 네, 감사합니다!
B 별말씀을요. 언제든지 필요하신 것이 있으시면 바로 전화주세요.
A 감사합니다. 그럴게요.

성함과 예약 정보 좀 알려 주시겠어요?

May I have your name and reservation information?

방 열쇠는 여기 있습니다.

Here's your room key.

828번 방에 묵게 되실 거예요.

You're staying in room 828.

↳ **assigned to** 배정 받은

물론입니다. 바로 설정해 드리겠습니다.

Absolutely. We can set that up for you.

별말씀을요. 언제든지 필요하신 것이 있으시면 바로 전화주세요.

You're welcome. If there is anything else you need, just give us a call.

ring 전화하다 ←

그리고 저희는 아침 6시부터 10시까지 로비에서 무료로 아침 식사를 제공합니다.

We also offer complimentary breakfast in the lobby from 6 AM to 10 AM.

네. 저희 호텔에서 편안하게 지내시길 바랍니다.

Sounds good. We hope you enjoy your stay with us.

짐은 방까지 옮겨 드릴까요, 아니면 혼자 가져가실 수 있으시겠어요?

Would you like help with your luggage or are you okay to take it up to your room yourself?

물론이죠. 좋은 하루 보내시길 바랍니다!

No problem at all. Have a nice day!

안녕하세요, 체크인을 하려고요.	Hello, I'd like to check into my room.
에디로 예약되어 있을 겁니다.	It should be under Eddie.
감사합니다. 혹시 아침 6시에 모닝콜을 요청할 수 있을까요?	set up 설정하다 ·┐ Thank you. Can I request a wake-up call for 6 AM?
감사합니다, 그럴게요.	Thank you, I will. └· I appreciate it 감사합니다
좋은 소식이네요. 내일 꼭 확인해 볼게요.	That's great to hear. I'll make sure to check it out tomorrow.
감사합니다, 무척 기대하고 있어요.	Thank you, I'm looking forward to it.
제가 가져갈 수 있어요. 물어봐 주셔서 감사합니다.	I can manage, but thank you for offering.

쌤! 호텔에는 시설들이 다양하잖아요? 근데 이런 시설들을 어떻게 부르는지 모르면 호텔에 머물면서 불편한 점들이 많더라고요. 호텔에서 알아야 할 용어들이 뭐가 있을까요?

맞아요. 호텔에는 참 많은 시설들이 있죠? 익숙하게 볼 수 있는 것들도 영어로 뭐라고 하는지 모르는 경우가 많은 것 같아요. 아는 만큼 보인다고 하잖아요? 호텔에서 기본적으로 알아야 할 시설 관련 용어들을 알려 드릴게요.

Front Desk/ Reception

로비의 프론트 데스크

Restaurant/Bar

조식이나 뷔페, 음료 등을 제공하는 레스토랑

Fitness Center/ Spa

헬스장 / 스파

Housekeeping staff

객실 청소 및 정비 책임자

Concierge

투숙객에게 필요한 서비스를 제공하는 관리자

Room service

룸 서비스

많은 표현들이 익숙하시겠지만, 호텔마다 사용하는 용어가 조금씩 다를 수 있으니 모두 알아 두세요. Concierge는 고급 호텔에 주로 있고, 호텔에 따라서 공연 예매, 택시 호출 등을 대신해 주기도 한답니다. 그래서 일상생활에서도 사용할 수 있는 표현이에요. 예를 들어, 친구가 아플 때 "Let me be your personal concierge for a week.(일주일 동안 네 집사가 되어 줄게.)"라고 할 수 있어요.

UNIT
06

Sunny side up, please.

계란 반숙으로 주세요.

A   Hi, good morning!

B   Good morning! How can I help you today?

A   Can you please make me a sunny side up egg and an omelet for my friend?

B   Absolutely. What would you like in the omelet?

A   Can you add some cheese, mushroom, and bell peppers in there?

B   Of course, it will be right up for you.

A   And for the sunny side up egg, can you also add a pinch of salt and pepper?

B   No problem!

A   안녕하세요, 좋은 아침이에요!
B   좋은 아침입니다! 어떻게 도와드릴까요?
A   저는 계란 프라이 반숙이고, 제 친구는 오믈렛을 하나 해 주실 수 있으세요?
B   물론이죠. 오믈렛에는 무엇을 넣어 드릴까요?
A   치즈, 버섯, 피망 이렇게 넣어 주실 수 있나요?
B   그럼요, 바로 준비해 드리겠습니다.
A   그리고 계란 프라이에는 소금과 후추를 조금 뿌려 주시겠어요?
B   알겠습니다!

좋은 아침입니다! 어떻게 도와드릴까요?	**Good morning! How can I help you today?** ↳ What can I get you? 무엇을 드릴까요?
오믈렛에는 무엇을 넣어 드릴까요?	**What would you like in the omelet?**
그럼요, 바로 준비해 드리겠습니다.	**Of course, it will be right up for you.** ↳ coming right up 바로 나옵니다
알겠습니다!	**No problem!**
모든 음료는 샐러드 바 뒤편에 있습니다.	**All drinks are right behind the salad bar.**
원하시는 만큼 언제든지 오세요.	**Please feel free to come back as many times as you want.** ↳ whenever you want 원하실 때 언제든
지금 바로 만들어 드릴까요?	**Would you like me to make them right now?**
알겠습니다. 아침 식사 맛있게 하세요!	**For sure. Enjoy your breakfast!** ↳ Have a great meal 맛있게 드세요

안녕하세요, 좋은 아침이에요!

Hi, good morning!

저는 계란 프라이 반숙이고, 제 친구는 오믈렛을 하나 해 주실 수 있으세요?

Can you please make me a sunny side up egg and an omelet for my friend? ⌐· a scrambled egg 계란 스크램블

⌐· put 넣다, 곁들이다
치즈, 버섯, 피망 이렇게 넣어 주실 수 있나요?

Can you add some cheese, mushroom, and bell peppers in there?

그리고 계란 프라이에는 소금과 후추를 조금 뿌려 주시겠어요?

And for the sunny side up egg, can you also add a pinch of salt and pepper? ⌐· little bit 조금만

혹시 커피랑 오렌지 주스가 어디에 있는지 알려 주실 수 있으세요?

Do you know where I can get coffee and orange juice by any chance? ⌐· soft drinks 탄산음료

감사합니다! 혹시 오믈렛을 또 받으러 와도 되나요?

Thank you so much!
Is it okay if I come back for seconds? ⌐· cool/fine 괜찮은

좋네요! 그리고 베이컨과 해시 브라운도 만드시나요?

That's wonderful! Do you also make bacon and hash browns? ⌐· fried potato 감자 튀김

나중에 또 올게요.

I'll come back for them later.

WHAT'S UP
에디 쌤!

Q

쌤! 호텔 조식 뷔페에서 항상 등장하는 단골 메뉴는 계란 프라이잖아요? 하지만 막상 계란 프라이를 주문하려고 하면 영어로 떠오르지 않는 것 같아요. 계란 요리의 종류 좀 알려 주세요.

저는 개인적으로 반숙을 굉장히 좋아해요. 스크램블과 오믈렛은 말 그대로 'scrambled', 'omelet'이라고 할 수 있지만, 다른 방식의 계란 요리는 영어로 말하기 다소 어려울 수 있어요. 다음 사진과 함께 확실히 기억해 두세요.

Sunny side up

반숙 프라이

Over easy

양쪽 다 익은 상태이지만, 터트리면 노른자가 흘러나옴

Over medium

뒤집어서 중간쯤 익힌 프라이

Over hard

완전히 익힌 프라이

Scrambled

스크램블

Omelet

오믈렛

Poached

수란

Soft-boiled

반숙 삶은 계란

Hard-boiled

완숙 삶은 계란

UNIT 07

The air conditioner isn't working properly.

에어컨이 고장 났어요.

A   Hi, I'm calling from room 828. The air conditioner in my room isn't working properly.

B   I'm sorry for the inconvenience. Can you tell me what the problem is?

A   Yeah, the AC is blowing out warm air instead of cold air.

B   Let me check with our maintenance staff. (...) Thank you for holding. Our staff will be up shortly to fix the air conditioner. Is there anything else I can help you with?

A   Just one question, will there be an extra charge for fixing the AC?

B   Nope, that's on us. We'll take care of it.

A   안녕하세요. 828호입니다. 방의 에어컨이 제대로 작동하지 않아서요.
B   불편을 끼쳐 드려 죄송합니다. 무엇이 문제인지 말씀해 주시겠어요?
A   네, 에어컨에서 차가운 바람이 아니라 따뜻한 바람이 나와요.
B   정비 직원에게 연락해 보겠습니다. (...) 기다려 주셔서 감사합니다. 저희 직원이 곧 에어컨 수리를 위해 올라갈 것입니다. 도와드릴 것이 또 있나요?
A   한 가지만 여쭤볼게요. 혹시 에어컨 수리 비용이 추가로 발생하나요?
B   아니요. 그건 호텔이 부담합니다. 저희가 해결하겠습니다.

불편을 끼쳐 드려 죄송합니다.	I'm sorry for the inconvenience.
무엇이 문제인지 말씀해 주시겠어요?	Can you tell me what the problem is? ⌐→ issue 문제
정비 직원에게 바로 연락해 보겠습니다.	Let me check with our maintenance staff real quick.
확인하는 동안 잠시만 기다려 주시겠어요?	Can I put you on hold for just a moment while I check?
기다려 주셔서 감사합니다.	Thank you for holding. ⌐→ waiting 기다리다
저희 직원이 곧 에어컨 수리를 위해 올라갈 것입니다.	Our staff will be up shortly to fix the air conditioner.
도와드릴 것이 또 있나요?	Is there anything else I can help you with? ⌐→ assist 도와주다
아니요, 그건 호텔이 부담합니다.	Nope, that's on us.
저희가 해결하겠습니다.	We'll take care of it.

안녕하세요, 828호입니다.

Hi, I'm calling from room 828.

방의 에어컨이 제대로 작동하지 않아서요.

The air conditioner in my room isn't working properly.

> · is malfunctioning 제대로 작동하지 않는다
> is acting up 평소와 다르게 움직인다

에어컨에서 차가운 바람이 아니라 따뜻한 바람이 나와요.

The AC is blowing out warm air instead of cold air.

한 가지만 여쭤볼게요.

Just one question.

혹시 에어컨 수리 비용이 추가로 발생하나요?

Will there be an extra charge for fixing the AC?
> · fee/cost 비용

그리고 혹시 바디 로션은 어디서 찾을 수 있는지 알려 주시겠어요?

Also, do you happen to know where I can find body lotion?

구석구석 다 찾아본 줄 알았는데 아니었나 보네요.

I thought I looked everywhere, but I guess I didn't.

제 침대에서 계속 이상한 소리가 나는데요. 이거 정상인 건가요?

My bed keeps making this weird noise. Is this normal?

Q

쌤! 호텔이나 리조트에는 다양한 방 종류가 있는데요. 종류가 워낙 많아서 헷갈리더라고요. 방 종류에 대해 알려 주실 수 있나요?

좋아요. 호텔은 2인용이더라도 하나의 침대를 쓰는지, 두 개의 침대를 쓰는지에 따라 용어가 달라요. 그 외에 어떤 시설을 갖추고 있고, 크기가 얼마큼 큰지에 따라서도 다양하게 부르죠. 간단히 정리해 드릴게요.

Double room
(주로) 침대가 하나인 방

Twin room
(주로) 침대가 두 개인 방

Suite room
스위트룸

All-Inclusive
식사를 비롯하여
모든 부대시설 이용 비용이
포함된 패키지

Pool villa
풀 빌라.
개인 풀장이 딸려 있는
빌라

Family room
패밀리 룸

UNIT 08

I'm wondering if I can delay my check-out.

체크아웃 시간을 늦출 수 있을까 해서요.

A　Hi, I had a quick question about my check-out time.

B　Yes, how can I help you?

A　I'm supposed to check out tomorrow at 12 PM, but I'm wondering if I can delay it.

B　Yes. You can check out by 2 PM at the latest. Anything after that and you will have to pay an extra fee.

A　How much would it be to check out after 2 PM?

B　It would be $150 per hour until 4 PM. Any time after that is considered another day of stay, which would be $450.

A　Then can I check out at 2 PM?

B　Of course. Let me go ahead and make that change for you.

A　안녕하세요, 체크아웃 시간에 대해 질문이 있어서요.

B　네, 무엇을 도와드릴까요?

A　내일 오후 12시에 체크아웃하기로 했는데, 체크아웃 시간을 늦출 수 있을까 해서요.

B　네, 고객님. 오후 2시까지 체크아웃 가능하십니다. 그 이후로는 추가 요금이 발생합니다.

A　오후 2시 이후에 체크아웃하면 얼마인가요?

B　오후 4시까지는 시간당 150달러입니다. 그 이후로는 숙박으로 간주되며, 450달러를 추가로 지불하셔야 됩니다.

A　그럼 오후 2시에 체크아웃해도 될까요?

B　물론이죠. 변경해 드리겠습니다.

네, 무엇을 도와드릴까요?	**Yes, how can I help you?**
알아보겠습니다.	**Let me see what I can do.**
잠시만 기다려 주시겠어요?	**Can you give me a minute?** → **a second** 잠시
오후 2시까지 체크아웃 가능하십니다.	**You can check out by 2 PM at the latest.**
그 이후로는 추가 요금이 발생합니다.	**Anything after that and you will have to pay an extra fee.** → **additional** 추가적인
오후 4시까지는 시간당 150달러입니다.	**It would be $150 per hour until 4 PM.**
그 이후로는 숙박으로 간주되며, 450달러를 추가로 지불하셔야 됩니다.	**Any time after that is considered another day of stay, which would be $450.**
물론이죠. 변경해 드리겠습니다.	**Of course. Let me go ahead and make that change for you.**
체크아웃 연장은 어렵습니다.	**We won't be able to delay your check-out.**
체크아웃 시간을 준수해 주시기 바랍니다.	**Please respect the check-out time.**

SPEAKING

안녕하세요, 체크아웃 시간에 대해 질문이 있어서요.	**Hi, I had a quick question about my check-out time.**
내일 오후 12시에 체크아웃 하기로 했는데, 체크아웃 시간을 늦출 수 있을까 해서요.	**I'm supposed to check out tomorrow at 12 PM, but I'm wondering if I can delay it.**
물론이죠, 천천히 하세요.	**Of course, take your time.**
오후 2시 이후에 체크아웃하면 얼마인가요?	**How much would it be to check out after 2 PM?** └→ cost 비용이 들다
네, 정보 감사합니다.	**Okay, thank you for the information.**
그럼 오후 2시에 체크아웃해도 될까요?	**Then can I check out at 2 PM?**
체크아웃이 10분 늦었어요.	**I checked out 10 minutes late.**
미니 바는 사용하지 않았습니다.	**I didn't use the minibar.**
머무는 동안 즐거웠습니다.	**I had a wonderful stay.** └→ pleasant 행복한, 즐거운

> 쌤! 원어민이 2 o'clock sharp 이렇게 말하는 걸 들었는데, sharp가 무슨 말인지 모르겠더라고요. 시간에 대해서 말하는 게 헷갈리는데, 제대로 알려 주실 수 있나요?

시간 표현은 한 번 배워 두면 쉽지만, 모르면 알아듣기 어려울 수 있어요. 우리말로도 '1시 정각', '5시 5분 전' 이런 표현이 있잖아요? 영어로는 어떤 표현들이 있는지 알려 드릴게요.

---

1 o'clock sharp
1시 정각

---

on the dot
정각에

---

quarter after seven
7시 15분

---

half past five
5시 30분

---

10 minutes to six
5시 50분(6시 10분 전)

UNIT 09

I might have left my calendar in my room.

방에 달력을 두고 온 것 같아요.

A   Hi, I just checked out, but I think I might have left my calendar in my room. Can you please check for me?

B   Sure, I'd be happy to help you. What was your room number?

A   Room 127.

B   Alright, let me check. (...) I'm sorry, but I don't see a calendar here. When did you last see it?

A   I'm not sure, but I think I might have left it next to the TV.

B   I see. If it shows up, we'll be sure to let you know.

A   Okay, thank you. Is there anything else I can do to help find it?

B   If you want, you can come and try looking for it yourself.

A   안녕하세요, 제가 방금 체크아웃했는데요, 방에 달력을 두고 온 것 같아요. 한번 확인해 주실 수 있나요?

B   물론이죠, 도와드리겠습니다. 방 번호가 어떻게 되시나요?

A   127호입니다.

B   네, 확인해 보겠습니다. (…) 죄송하지만, 달력은 안 보이네요. 마지막으로 보신 게 언제였나요?

A   확실하지는 않지만, 아마 텔레비전 옆에 놓았던 걸로 기억해요.

B   알겠습니다. 만약 찾게 되면 바로 연락드리겠습니다.

A   네, 감사합니다. 제가 찾는 걸 도울 수 있는 방법이 있나요?

B   만약 원하시면, 직접 방에 가서 한번 찾아보실 수도 있습니다.

물론이죠, 도와드리겠습니다.

Sure, I'd be happy to help you.

방 번호가 어떻게 되시나요?

What was your room number?

네, 확인해 보겠습니다.

Alright, let me check.

죄송하지만, 달력은 안 보이네요.

I'm sorry, but I don't see a calendar here.
└▸ couldn't find 찾지 못했다

마지막으로 보신 게 언제였나요?

When did you last see it?

죄송합니다만, 하우스키퍼가 객실에서 아무것도 발견하지 못했다고 하네요.

I'm sorry, but housekeeping hasn't found anything in your room.

만약 찾게 되면 바로 연락드리겠습니다.

┌▸ If we find it 저희가 만약 찾으면
If it shows up, we'll be sure to let you know.
└▸ definitely 꼭

만약 원하시면, 직접 방에 가서 한번 찾아보실 수도 있습니다.

If you want, you can come and try looking for it yourself.

달력이 어떻게 생겼는지 설명해 주시겠습니까?

Can you describe the calendar for me?

만약 찾으면 고객님이 가지러 오실 때까지 보관해 드릴 수 있습니다.

┌▸ keep 보관하다
If we find it, I can hold onto it until you can come by to pick it up.

안녕하세요, 제가 방금
체크아웃했는데요, 방에 달력을
두고 온 것 같아요.

Hi, I just checked out, but I think I
might have left my calendar in my
room.
└ · laptop 노트북

한번 확인해 주실 수 있나요?

Can you please check for me?

127호입니다.

Room 127.

확실하지는 않지만, 아마
텔레비전 옆에 놓았던 걸로
기억해요.

I'm not sure, but I think I might have
left it next to the TV.
└ · desk lamp 책상 램프

제가 찾는 걸 도울 수 있는
방법이 있나요?

Is there anything else I can do to
help find it?

못 갈 것 같네요.

I don't think I'll be able to make it.

혹시 모르니까 분실물 센터도
확인해 주실 수 있으실까요?

Could you also check the lost and
found just in case?

빨간색 버클이 달린 작은 가죽
달력입니다.

It's a small, leather one with a red
buckle.

Q

쌤! 상대방에게 부탁을 할 때 이왕이면 공손하게, 예의 있게 부탁하면 좋잖아요? 예의를
갖춰서 부탁하는 표현으로 어떤 것들이 있는지 알려 주세요.

확실히 같은 말도 공손하게 하면 상대방도 기분 좋게 부탁을 들어줄 수 있어요. 친구에게
는 물론이고 초면인 분에게, 또는 호텔이나 식당 직원들에게 공손하게 부탁할 수 있는 표
현들을 몇 가지 알려 드릴게요.

- **Is there any chance ~?**
  혹시 ~할 수 있을까요?

- **Would it be possible for ~?**
  ~이 가능할까요?

- **Could you possibly ~?**
  혹시 ~해 줄 수 있나요?

- **Would you mind if ~?**
  ~해도 될까요?

- **Would it be okay if ~?**
  ~해도 괜찮을까요?

- **If it's not too much trouble, could you please ~?**
  괜찮으시다면, ~을 해 주실 수 있나요?

부탁을 하기 전에 위의 표현들로 시작을 하면, 상대방도 기분 좋아할 거예요.

U N I T
10

Can I make a reservation for two tonight?

오늘 밤에 두 명 예약할 수 있을까요?

A   Hi, do you guys take reservations?

B   Yes, we do! Is this for dinner?

A   Yes. Can I make a reservation for two tonight?

B   Of course. What time were you thinking?

A   Around 7 PM. Is that available?

B   Yes, 7 PM is open. What's the name for the reservation?

A   I'd like to make the reservation under Eddie.

B   Great. I have you down for a party of two under Eddie at 7 PM tonight.

A   안녕하세요. 혹시 예약 받으시나요?
B   그럼요! 저녁 식사 예약하시나요?
A   네. 오늘 밤에 두 명 예약할 수 있을까요?
B   물론이죠. 몇 시쯤 생각하고 계신가요?
A   저녁 7시쯤이요. 가능한가요?
B   네, 저녁 7시에 자리 있습니다. 예약자 성함이 어떻게 되시죠?
A   에디로 예약하고 싶어요.
B   좋습니다. 오늘 저녁 7시에 에디 님 이름으로 두 분 예약해 드리겠습니다.

그럼요! 저녁 식사 예약 하시나요?	**Yes, we do! Is this for dinner?** └→ brunch 브런치 　　lunch 점심
물론이죠. 몇 시쯤 생각하고 계신가요?	**Of course. What time were you thinking?** └→ planning 계획하고 있는
네, 저녁 7시에 자리 있습니다.	**Yes, 7 PM is open.**
예약자 성함이 어떻게 되시죠?	**What's the name for the reservation?**
오늘 저녁 7시에 에디 님 이름으로 두 분 예약해 드리겠습니다.	┌→ confirmed 확인된 **I have you down for a party of two under Eddie at 7 PM tonight.**
안타깝게도 오늘 저녁에는 방이 다 예약됐습니다.	**Unfortunately, the rooms are all booked tonight.** fully 완전히 ←┘
오늘 저녁 7시에 뵙겠습니다.	**We'll see you tonight at 7 PM.**
아기 의자가 필요하신가요 (준비해 드릴까요)?	**Would you like a high chair for your baby?**
죄송하지만, 창가 자리는 예약이 다 찼습니다.	**I'm sorry, the tables by the window are fully booked.**

안녕하세요, 혹시 예약
받으시나요?

Hi, do you guys take reservations?

네. 오늘 밤에 두 명 예약할 수
있을까요?

**Yes. Can I make a reservation for
two tonight?**

⌐ · for dinner tomorrow 내일 저녁으로

저녁 7시쯤이요. 가능한가요?

Around 7 PM. Is that available?

⌐ · okay 괜찮은

에디로 예약하고 싶어요.

**I'd like to make the reservation
under Eddie.**

혹시 방은 예약이 가능한가요?

**Are there any rooms available by
any chance?**

괜찮아요! 확인해 주셔서
감사합니다.

**That's absolutely fine! Thank you for
checking.**

미리 메뉴를 주문할 수도
있나요?

Is it possible to pre-order our food?

단체석도 예약이 되나요?

Do you also take group reservations?

Q

쌤! 미국에서 외식을 할 때는 꼭 팁을 내야 한다고 들었어요. 혹시 그 외에 미국 레스토랑에서 알아 두면 좋을 문화나 표현들이 있으면 알려 주세요~

전 세계 어떤 식당을 가든지 음식을 주문하고 식사하는 것은 다 똑같지만, 나라마다 문화가 조금씩 다를 수 있어요. 미국 외식 문화에 대해 알아 두면 좋은 팁들을 알려 드릴게요. 잘 알아 두었다가 실례를 범하지 않도록 주의하세요.

1. 예약 문화 Reservation

미국에서 외식을 하기 전에 예약을 하는 것은 굉장히 흔한 일입니다. 물론 예약 없이 들어가는 경우도 많지만, 되도록이면 예약을 하려고 노력합니다.

2. 웨이터를 부를 때

미국 레스토랑에서는 각각의 서버가 담당하는 테이블이 있습니다. 아무 서버나 부르면 오지 않을 수도 있어요. 그리고 큰 소리로 "여기요!"라고 부르지 않습니다. 눈이 마주칠 때까지 기다렸다가 살짝 손을 들거나 "Excuse me."라고 얘기해 주세요.

3. 계산은 테이블에서

주문할 때 카운터에서 선불로 계산하는 경우가 아니라면, 보통 테이블에서 계산을 합니다. 계산할 때는 "Check, please.", "Bill, please.", "Can I get the check?"와 같이 계산서를 가져다 달라고 얘기하면 됩니다.

4. 팁 문화 Tipping

계산할 때 서버에게 팁을 주는 것은 미국 외식 문화의 굉장히 중요한 부분으로서, 보통 총 비용의 15-20%를 팁으로 줍니다. 서비스가 너무 불친절할 때는 주지 않을 수도 있지만, 팁은 손님으로서의 격식을 보여주는 것이기도 하니까 꼭 어느 정도는 지불하는 게 좋습니다.

5. 남으면 포장으로

미국에서는 남은 음식을 포장하는 것이 매우 흔한 일입니다. 부끄러워하지 말고 꼭 포장을 해 오세요. 이때 쓰는 포장 용기는 'To-Go-Box' 혹은 'Take-Out Box'라고 합니다. 포장을 하고 싶은 음식이 있으면 서버에게 "Can I get a box, please?"라고 할 수 있습니다.

음식점에서 # 못 먹는 재료를 빼 달라고 할 때

Can you please take out the cilantro?

고수를 빼 주시겠어요?

A Hello! I think we're ready to order.

B Hi, welcome to Eddie's Tacos! What can I get for you today?

A We'll get five carnitas tacos and three al pastor tacos.

B Absolutely! Would you like anything to drink with that?

A Yeah, I'll do a Guinness.

B No problem. Coming right up! Anything else?

A Can you please take out the cilantro for the carnitas tacos?

B No problem!

A 안녕하세요! 저희 주문할 준비가 된 것 같아요.
B 안녕하세요, 에디스 타코에 오신 걸 환영합니다! 오늘은 무엇을 드릴까요?
A 카르니타스 타코 다섯 개랑 알파스토 타코 세 개 주세요.
B 네! 음료는 어떻게 하시겠어요?
A 기네스 한 잔 주세요.
B 알겠습니다. 바로 만들어 드리겠습니다! 더 필요한 것 있으세요?
A 카르니타스 타코에 고수를 빼 주시겠어요?
B 알겠습니다!

안녕하세요, 에디스 타코에 오신 걸 환영합니다!

Hi, welcome to Eddie's Tacos!

오늘은 무엇을 드릴까요?

What can I get for you today?
> What would you like to order?
> 무엇을 주문하시겠어요?

네! 음료는 어떻게 하시겠어요?

Absolutely! Would you like anything to drink with that?
> any sides 다른 사이드 메뉴

알겠습니다. 바로 만들어 드리겠습니다! 더 필요한 것 있으세요?

No problem. Coming right up! Anything else?

저희 살사 소스는 수제품이고, 가장 인기 있는 제품 중 하나입니다.

Our salsa is homemade and it's one of our most popular items.
> frequently ordered
> 주문을 많이 하시는

> drink 음료

맥주는 바로 가지고 오겠습니다.

I'll be right back with the beer.
> back shortly 금방 돌아오는

타코는 시간이 조금 걸립니다. 괜찮으시겠어요?

The tacos will take some time. Is that alright for you?

알레르기가 있는 재료(음식)가 있으세요?

Are you allergic to anything?
Do you have any allergies?
혹시 알레르기가 있으십니까?

56

안녕하세요! 저희 주문할 준비가
된 것 같아요.

Hello! I think we're ready to order.
└, **good to go** 준비된

카르니타스 타코 다섯 개랑
알파스토 타코 세 개 주세요.

**We'll get five carnitas tacos and
three al pastor tacos.**

I'll do a Guinness.
└, **Pilsner** 옅은 황금색 맥주, 균형 잡힌 맛
Lager 저온으로 발효된, 상쾌하고 가벼운 맥주
IPA 조금 쓴 끝 맛이 매력적인 맥주
Stout 진한 색 맥주, 크림처럼 부드러운 질감

기네스 한 잔 주세요.

카르니타스 타코에 고수를 빼
주시겠어요?

**Can you please take out the
cilantro for the carnitas tacos?**

살사 소스를 추가로 조금 더
주시겠어요?

**Can we get some extra salsa on the
side, please?**
└, **chips** 나초 칩스

음식이 준비되면 맥주랑 같이
주시겠어요?

**Can we actually get the beer when
the food is ready?**
└, **with the food** 요리랑 같이

기다려도 괜찮아요.

I can wait.

음식이 얼마나 (오래) 걸리나요?

**Do you know how much longer the
food will take?**

사실 저는 해산물 알레르기가
있어요.

Actually, I'm allergic to seafood.

WHAT'S UP
에디 쌤!

Q

쌤! 한국에서는 멕시코 음식점이 흔하지 않은데, 미국은 엄청 흔하고 다양하더라고요. 특히 타코를 주문할 때 뭘 골라야 할지 모르겠어요. 타코 초보자들을 위해 설명 좀 해 주세요~

타코 하면 또 저 아니겠습니까! 미국은 멕시코와 근접한 위치 때문에 이민자들도 많고 해서 멕시코 음식이 굉장히 흔해요. 한국에서 분식집 찾는 것처럼 쉽죠. 저는 타코를 너무 좋아해서 한때 별명이 타코 마스터였어요. 기본적인 타코 종류만 알아도 멕시코 음식점에 가서 도움이 많이 될 거예요.

Carne Asada
양념된 구운 쇠고기를
얇게 썰어 넣은 타코

Chicken Tacos
양념된 닭고기로 채운 타코

Carnitas Tacos
겉바속촉한 양념 돼지고기를
잘게 썰어 채운 타코

Al Pastor Tacos
소금에 절인 돼지고기에
향신료와 파인애플을 섞어
양념 후 얇게 썰어 넣은 타코

Barbacoa Tacos
천천히 조리되어
부드러운 쇠고기 또는
양고기를 넣은 타코

Fish Tacos
일반적으로 굽거나 튀긴
생선 요리가 포함된 타코

비슷하게 생긴 타코여도 안에 어떤 내용물을 채우고 어떤 소스를 썼는지에 따라 다양한 이름을 가지고 있어요. 멕시코 음식점을 방문할 일이 있다면 지금 알려 드린 타코 이름을 찾아 주문해 보세요.

UNIT

12

What are you feeling?

어떤 음식이 당겨?

A Hmm, I'm not sure what to get. What are you feeling?

B I've heard the steak here is pretty good, but if you're feeling adventurous, I'd go for the lobster.

A Lobster? I've never had that before. Isn't it hard to eat?

B Not really. They'll give you the tools you need, like a nutcracker, to open the shell.

A Interesting. But it's also pretty expensive. Do you think it's worth it?

B Honestly, I think it's worth it for the experience.

A Alright. Should we get some appetizers, too?

B Definitely. The clam chowder here is a must-try.

A 음, 뭘 주문해야 할지 모르겠어. 어떤 음식이 당겨?

B 여기 스테이크가 꽤 괜찮다고 들었는데, 새로운 시도를 하고 싶으면 랍스터 요리도 괜찮을 듯해.

A 랍스터? 안 먹어 봤어. 먹기 힘들지 않나?

B 꼭 그렇진 않아. 껍질 분리할 때 필요한 도구를 줄 거야. 호두 껍질 깔 때 사용하는 도구 같은 거.

A 그렇군. 근데 꽤 비싸다. 돈 내고 먹을 가치가 있을까?

B 솔직히, 경험해 볼 가치가 있다고 생각해.

A 좋아. 애피타이저도 시킬까?

B 당연하지. 여기 클램 차우더는 꼭 먹어 봐야 해.

나 24시간 동안 아무것도 안 먹었어.

I've been on a 24-hour fast.
· I haven't eaten anything for 24 hours.
나 하루 종일 아무것도 안 먹었어.

여기 스테이크가 꽤 괜찮다고 들었어.

· lamb 양고기 / pork 돼지고기
I've heard the steak here is pretty good.

좀 새로운 시도를 하고 싶으면 랍스터도 괜찮을 듯해.

If you're feeling adventurous, I'd go for the lobster.

껍질 분리할 때 필요한 도구를 줄 거야, 호두 껍질 깔 때 사용하는 도구 같은 거.

They'll give you the tools you need, like a nutcracker, to open the shell.

솔직히, 경험해 볼 가치가 있다고 생각해.

Honestly, I think it's worth it for the experience.

여기 클램 차우더는 꼭 먹어 봐야 하고, 칼라마리도 괜찮아.

The clam chowder here is a must-try, and the fried calamari is pretty good too.
· delicious 정말 맛있는

여기는 와인 종류가 많아.

They have a pretty extensive wine list here.

난 레드 와인 한 잔이랑 스테이크를 시킬 생각이야.

I'm thinking of getting the steak with a glass of red wine.

나 완전 배고파.

I'm absolutely starving.
> · very hungry 굉장히 배고픈

뭘 주문해야 할지 모르겠어.

I'm not sure what to get.

어떤 음식이 당겨?

What are you feeling?
> · What do you want to eat? 뭐 먹고 싶어?
> What are you craving? 뭐가 당겨?

랍스터? 안 먹어 봤어. 먹기 힘들지 않나?

Lobster? I've never had that before. Isn't it hard to eat?
> · difficult 힘든, 어려운

근데 꽤 비싸다. 돈 내고 먹을 가치가 있을까?

But it's also pretty expensive. Do you think it's worth it?

좋아, 그럼 사이드는 무엇으로 주문할까?

Alright, but what about the sides?

애피타이저도 시킬까?

Should we get some appetizers, too?
> · drinks 음료

그럼 난 랍스터랑 칵테일 한 잔 주문할게.

> · do (음식 등을) 정하다

I think I'll go for the lobster with a cocktail then.

Q

쌤! 음식점에 가면 서버에게 영어로 말하는 게 생각보다 쉽지 않은 것 같아요. 주문할 때, 식사 중에 알아야 할 표현들이 뭐가 있을까요?

식사를 즐기러 갔는데 적절한 표현을 몰라서 제대로 즐기지 못하면 서럽잖아요? 해외에서 외식을 할 때 꼭 알아야 할 필수 영어 표현들을 정리해 드릴게요.

주문할 때

- **I think we're ready to order!** 저희 주문할 준비됐어요!
- **What's the most popular dish here?**
  여기서 제일 잘나가는 메뉴가 뭐예요?
- **Do you have any vegan/vegetarian options?**
  혹시 비건/채식주의자용 옵션이 있나요?
- **I'm allergic to nuts.** 저는 견과류 알레르기가 있어요.
- **Can I get the sauce on the side?** 소스를 따로 주실 수 있나요?

식사 중

- **We've been waiting for a while. Could you please check on the food for us?**
  저희가 음식을 기다린 지 좀 됐는데요. 확인 좀 해 주시겠어요?
- **Can I get some napkins, please?** 냅킨 좀 주시겠어요?
- **Can I get a refill?** 음료 리필이 되나요?

식사 후

- **Can I get the check, please?** 계산서 좀 주시겠어요?
- **I'll pay with card.** 카드로 계산할게요.

위 표현들은 모두 기본 중의 기본인 필수 표현이에요. 잘 외워 뒀다가 사용해 보세요.

UNIT 13

I would like it medium rare.

미디엄 레어로 해 주세요.

A   Good evening, my name is Mark and I'll be your server tonight. Are you ready to order?

B   Hi, Mark! I think I'm ready to order. I'll get the ribeye steak, please.

A   And how would you like your steak cooked?

B   I would like it medium rare, please.

A   Perfect. And would you like anything to drink with your meal? I would suggest a full-bodied red wine.

B   Okay, I'll go with the malbec then.

A   Perfect, I'll get that order in for you right away. Is there anything else I can get you?

B   No, that's all for now. Thank you very much!

A   안녕하세요. 제 이름은 마크이고, 오늘 고객님 테이블을 담당하게 됐습니다. 바로 주문하시겠습니까?
B   안녕하세요. 마크 씨! 주문할 준비가 된 것 같아요. 저는 립아이 스테이크로 할게요.
A   스테이크는 굽기는 어떻게 해 드릴까요?
B   미디엄 레어로 해 주세요.
A   알겠습니다. 그리고 식사와 함께 음료도 주문하시겠습니까? 향이 풍부한 레드 와인을 추천드립니다.
B   좋아요, 그럼 말벡으로 할게요.
A   알겠습니다. 지금 바로 주문 넣도록 하겠습니다. 다른 거 더 필요한 것 있으세요?
B   아니요, 일단 지금은 됐어요. 감사합니다!

안녕하세요, 제 이름은 마크이고, 오늘 고객님 테이블을 담당하게 됐습니다.

Good evening, my name is Mark and I'll be your server tonight.

바로 주문하시겠습니까, 아니면 시간이 좀 더 필요하신가요?

Are you ready to order or do you need some more time?

스테이크는 굽기는 어떻게 해 드릴까요?

How would you like your steak cooked?

그리고 식사와 함께 음료도 주문하시겠습니까?

And would you like anything to drink with your meal?
↳ any sides 사이드 메뉴

향이 풍부한 레드 와인을 추천드립니다.

I would suggest a full-bodied red wine. white wine 화이트 와인 / beer 맥주 ←

↱ top left 좌측 상단

메뉴 우측 하단을 보시면 으깬 감자와 구운 야채가 있습니다.

If you look at the bottom right of the menu, we have mashed potatoes and roasted vegetables.

요리가 나오기 전에 애피타이저나 샐러드를 주문하시겠습니까?

Would you like to start with an appetizer or salad before your entrée?

알겠습니다, 지금 바로 주문 넣도록 하겠습니다.

Perfect, I'll get that order in for you right away.

다른 거 더 필요한 것 있으세요?

Is there anything else I can get you?

주문할 준비가 된 것 같아요.	**I think I'm ready to order.** ↳ we're 둘 이상 있을 때
저는 립아이 스테이크로 할게요.	**I'll get the ribeye steak, please.** ↳ do/have 먹다
미디엄 레어로 해 주세요.	**I would like it medium rare, please.** ↳ rare 레어(최소한으로 익힌) medium 미디엄(적당히 익힌) well-done 웰던(바싹 익힌)
사이드가 뭐가 있는지 다시 한 번 말씀해 주시겠어요?	**Can you tell me what the sides are again?** ↳ options 옵션들
그럼 으깬 감자로 주세요.	**I think I'll have the mashed potatoes, please.**
립아이와 잘 어울리는 와인을 추천해 주시겠어요?	**Can you recommend a wine that would pair well with the ribeye?**
좋아요, 그럼 말벡으로 할게요.	**Okay, I'll go with the malbec then.**
아니요, 일단 지금은 됐어요.	**No, that's all for now.** ↳ that's it 그게 다입니다
오늘은 그냥 주문한 스테이크와 으깬 감자만 할게요.	**I think I'll just stick with the steak and mashed potatoes.**

WHAT'S UP 에디 쌤!

Q

쌤! 파인다이닝 레스토랑에 가면 생소한 단어들이 너무 많고, 정확히 뭘 주문해야 할지도 헷갈리고 가끔 벅차요. 파인다이닝 레스토랑에 가면 알아야 할 용어들 좀 알려 주세요.

기념일이나 이벤트, 또는 가끔 기분을 내고 싶을 때 파인다이닝 레스토랑에 가곤 하죠. 하지만 복잡한 메뉴와 코스 구성, 영어도 어려운데 불어까지 메뉴에 있으면 당황하기 마련이에요. 파인다이닝에 가면 알아야 할 용어들을 정리해 드릴게요.

- **Appetizer** 식욕을 돋우기 위해 메인 코스 전에 준비되는 전채 요리
- **Entrée** 메인 코스 요리
- **A la carte** 개별적으로 가격이 책정되는 메뉴
- **Pairing** 식사 경험을 향상시키기 위해 음식과 음료를 맞추는 과정
- **Gratuity** 좋은 서비스에 대한 감사 표시로 추가되는 팁 또는 서비스 요금
- **Dress code** 식당에서 식사하는 사람들에게 지정해 주는 복장

보통 파인다이닝 레스토랑에 가면 스테이크를 많이 먹을 거예요. 스테이크의 종류와 부위도 함께 알아 두세요.

- **Filet mignon** 텐더로인(안심)의 일부로, 지방 함유량이 낮음
- **Ribeye** 꽃등심. 맛과 육즙이 풍부하며 지방 함유량이 높음
- **New York strip** 고기 모양이 뉴욕 주 모양과 비슷하다고 하여 붙여진 이름으로, 길쭉하며 육즙이 풍부한 부위
- **T-bone** 필렛 미뇽 스테이크와 뉴욕 스트립을 연결해 주는 T자로 생긴 뼈에 붙어 있는 부위
- **Porterhouse** 커다란 T-bone 스테이크. 기존 T-bone에 달려 있는 것보다 고기들이 큼

UNIT 14

Can I get a footlong turkey sub, please?

30cm짜리 터키 샌드위치로 주시겠어요?

A Hi, what can I get you today?

B Can I get a footlong turkey sub, please?

A Sure thing! What type of bread would you like?

B I'll have it on whole wheat bread.

A Of course. What type of cheese would you like on your sandwich?

B I'll have provolone cheese.

A Toasted?

B Yes, please!

A 안녕하세요. 주문하시겠어요?
B 30cm짜리 터키 샌드위치로 주시겠어요?
A 알겠습니다! 빵 종류는 무엇으로 하시겠어요?
B 통밀빵으로 주세요.
A 알겠습니다. 치즈는 어떤 걸로 넣어 드릴까요?
B 프로볼론 치즈로 주세요.
A 구워 드릴까요?
B 네!

안녕하세요, 주문하시겠어요?	Hi, what can I get you today?
빵 종류는 무엇으로 하시겠어요?	What type of bread would you like?
치즈는 어떤 걸로 넣어 드릴까요?	What type of cheese would you like on your sandwich?
구워 드릴까요?	Toasted?
토핑은 무엇으로 하시겠어요?	What toppings would you like? · vegetables 채소
샌드위치에 소스는 어떤 것으로 넣어 드릴까요?	What sauce would you like on your sandwich?
감자칩이나 음료도 같이 주문하시겠어요?	Would you like any chips or a drink with that?
총 9.5달러입니다.	Your total comes to $9.50.
현금 혹은 카드로 결제 하시겠습니까?	Would you like to pay with cash or card?

30cm짜리 터키 샌드위치로
주시겠어요?

⌐· 6-inch 15cm
Can I get a footlong
turkey sub, please?
└→ oven roast chicken sub 오븐 로스트 치킨 샌드위치
roast beef sub 로스트 비프 샌드위치

통밀빵으로 주세요.

I'll have it on whole wheat bread.

프로볼론 치즈로 주세요.

I'll have provolone cheese.
└→ cheddar 체다 / american 아메리칸

양상추, 토마토, 시금치,
양파, 그리고 올리브를 올려
주시겠어요?

⌐→ jalapenos 할라피뇨 / pickles 피클
Can I have lettuce, tomatoes,
spinach, onions, and olives?

치폴레 소스 조금만 뿌려
주세요. 아, 머스터드도 조금
주세요.

Just a little bit of the chipotle sauce.
Oh, and some mustard as well.
└→ smoky BBQ 바비큐 소스
blue cheese 블루 치즈 소스
sweet onion 스위트 어니언

다이어트 콜라 큰 컵으로 하나
주세요.

I'll get a large Diet Coke.
Sprite 사이다 ·
Fanta 환타
lemonade 레모네이드

카드로 계산할게요.

I'll pay with card.

Q

쌤! 서브웨이에는 선택할 것이 많아서 주문하는 것이 너무 어려워요. 에디 쌤이 제일 좋아하는 서브웨이 샌드위치 종류, 토핑, 그리고 소스도 영어로 알려 주세요!

대학원을 다니면서 집 앞에 있는 서브웨이를 참 자주 갔는데요. 제가 제일 자주 시켜 먹던 샌드위치는 '필리 치즈 스테이크(Philly cheesesteak) 샌드위치'입니다. 그 외에 제가 자주 먹었던 샌드위치를 소개해 드릴게요.

- **Italian BMT** 살라미, 페퍼로니, 그리고 햄이 들어간 고전적인 샌드위치
- **Meatball Marinara** 마리나라 소스를 듬뿍 바른 미트볼 위에 치즈를 녹인 샌드위치
- **Spicy Steak and Cheese** 스테이크, 치즈, 그리고 할라피뇨를 추가한 샌드위치
- **Buffalo Chicken** 매운 버팔로 치킨과 치즈를 추가한 샌드위치

그리고 제가 항상 추가하는 토핑은 다음과 같아요.

- **Spinach** 시금치
- **Onions** 양파
- **Olives** 올리브
- **Lettuce** 양상추
- **Banana peppers** 바나나 파프리카(스위트 팔레르모)

마지막으로 제가 좋아하는 소스도 알려 드릴게요.

- **Sweet Onion** 달콤한 맛을 추가하기에 좋은 최고의 소스
- **Chipotle Southwest** 맵고 톡 쏘는 맛이 있는 소스
- **Honey Mustard** 허니 머스터드

저는 항상 빵은 통밀빵(whole wheat bread)을 골랐고, 배가 많이 고플 때는 'foot-long(30cm)'을, 간단하게 먹고 싶을 때는 '6-inch(15cm)'를 주문하곤 했어요.

UNIT 15

There's a hair in my food.

음식에 머리카락이 들어 있어요.

A Excuse me, there's a hair in my food.

B I'm sorry about that. May I take a look?

A It's right here in my pasta.

B Oh, I see it. I apologize for the inconvenience. Would you like me to get you a new dish?

A Yes, please. I would appreciate that.

B Of course. I'll bring you a new dish right away.

A Thank you.

B I'll make sure to inform the kitchen about this as well. It's not something that should happen.

A 실례합니다만, 음식에 머리카락이 들어 있어요.
B 죄송합니다. 제가 한번 봐도 되겠습니까?
A 여기 제 파스타 안에 있어요.
B 아, 그러네요. 불편을 끼쳐 드려 죄송합니다. 요리를 새로 가져다 드릴까요?
A 네. 그렇게 해 주시면 좋겠어요.
B 알겠습니다. 지금 바로 새로 가져다 드리겠습니다.
A 감사합니다.
B 이 문제도 주방에 꼭 알리겠습니다. 일어나서는 안 될 일이니까요.

죄송합니다. 제가 한번 봐도
되겠습니까?

I'm sorry about that. May I take a look?

아, 그러네요.

Oh, I see it.
⌐ · there it is 저기 있네요

불편을 끼쳐 드려 죄송합니다.

I apologize for the inconvenience.
⌐ · am very sorry 정말 죄송합니다

요리를 새로 가져다 드릴까요?

Would you like me to get you a new dish?

알겠습니다. 지금 바로 새로
가져다 드리겠습니다.

Of course. I'll bring you a new dish right away.
⌐ · in just a few minutes 잠시 후에

이 문제도 주방에 꼭
알리겠습니다.

⌐ · definitely 꼭
I'll make sure to inform the kitchen about this as well.

일어나서는 안 될 일이니까요.

It's not something that should happen.

기다리시는 동안 마실 것 좀
드릴까요?

Can I get you something to drink while you wait?

그것도 바로 가져다 드릴게요.

I'll bring that over for you too.
⌐ · get (가져다)주다

실례합니다만, 음식에 머리카락이 들어 있어요.	**Excuse me, there's a hair in my food.** └→ fingernail 손톱
여기 제 파스타 안에 있어요.	**It's right here in my pasta.** └→ soup 스프 / risotto 리소토
네. 그렇게 해 주시면 좋겠어요.	**Yes, please. I would appreciate that.**
물 한 잔만 주세요.	**I'll have a glass of water, please.** orange juice 오렌지 주스 └
바로 바꿔 주셔서(조치해 주셔서) 감사합니다.	**Thank you for the quick change.**
다른 메뉴로 바꿀 수 있나요?	**Can I choose another dish?**
새로 안 주셔도 돼요. 다 먹었어요.	**Don't worry about it. I think we're done.**
이번이 두 번째예요.	**It's the second time this happened.**
다음에는 좀 더 조심해 주시겠어요?	**Could you please be more careful next time?**

Q

쌤! 음식점에서 메뉴를 고를 때나 서버가 음식 추천을 할 때 맛으로 메뉴를 표현하잖아요? 음식의 맛은 영어로 어떤 표현들이 있는지 알려 주세요~

메뉴를 고르거나 특정 음식의 맛을 표현할 때 꼭 알아야 하는 표현들이 있어요. 내가 좋아하는 맛과 싫어하는 맛을 설명하려면 정확하게 어떻게 영어로 말하는지 알아 둬야 하죠. 맛뿐 아니라 향도 표현할 수 있으니 아래 표현들을 잘 외워 두면 좋겠어요!

Sweet 달콤한 맛	**Sour** 새콤한 맛	**Salty** 짠 맛

Spicy 매운 맛	**Bitter** 쌉쌀한 맛	**Nutty** 견과류 향과 맛

Fruity 과일 향	**Floral** 꽃 향	**Smoky** 탄 맛, 숯불 향

UNIT 16

When and where should we meet?

우리 몇 시에 어디서 만날까?

A   Hey Hannah, are you free after work today?

B   Yeah, I don't have any plans yet. I heard you came to visit LA!

A   Yes, I got here yesterday. I was thinking of grabbing some drinks at happy hour nearby.

B   Sounds like a great idea! When and where should we meet?

A   Let's meet at the pub in front of your office at 6 PM.

B   Perfect! I'll see you at 6 PM, then. Looking forward to it!

A   Great! See you later. It's been a while since we last caught up.

A   한나야, 오늘 일 끝나고 시간 있어?

B   응, 아직 아무 계획 없어. 너 LA에 놀러 왔다고 들었어!

A   응, 어제 도착했어. 근처 펍에서 해피아워 시간에 술 한잔할까 생각 중이었어.

B   좋은 생각인 것 같아! 우리 몇 시에 어디서 만나자?

A   저녁 6시에 네 사무실 앞에 있는 펍에서 만나자.

B   완벽해! 그럼 6시에 보자. 너무 기대된다!

A   좋아! 나중에 봐. 우리가 마지막으로 본 지 꽤 됐잖아.

아직 아무 계획 없어.

I don't have any plans yet.
· anything 아무것도

너 LA에 놀러 왔다고 들었어!

I heard you came to visit LA!

좋은 생각인 것 같아!

Sounds like a great idea!
· Sounds like a plan! 좋은 생각이야!
Sounds good! 좋아!

우리 몇 시에 어디서 만날까?

When and where should we meet?

완벽해! 그럼 6시에 보자.

Perfect! I'll see you at 6 PM, then.

너무 기대된다!

Looking forward to it!

· have 있다

그런데 펍에서 안주 같은 거 파나?

By the way, do they serve any snacks at the pub?
· sides 사이드 메뉴

공복으로 가야겠네!

I'll make sure to come hungry then!

오늘 일 끝나고 시간 있어?

Are you free after work today?
↳ Are you busy 바빠?
Do you have time 시간 있어?

근처 펍에서 해피아워 시간에 술 한잔할까 생각 중이었어.

I was thinking of grabbing some drinks at a happy hour nearby.

저녁 6시에 네 사무실 앞에 있는 펍에서 만나자.

Let's meet at the pub in front of your office at 6 PM.
↳ across from 건너편에 있는

좋아! 나중에 봐.

Great! See you later.

우리가 마지막으로 본 지도 꽤 됐다.

It's been a minute since we last caught up.

나초, 치킨 윙 등 다양한 애피타이저가 있어.

They have a variety of appetizers such as nachos and wings.

술을 못 마시면 무알코올 음료도 있어.

They also have non-alcoholic options if you prefer.

WHAT'S UP 에디 쌤!

Q

쌤! 술을 마시러 바에 가면 다양한 종류의 주류가 있잖아요. 맥주도 종류가 많지만, 칵테일에 대해서도 알고 싶어요. 미국에서 인기 있는 칵테일 종류를 영어로 알려 주세요~

가끔은 분위기 좋은 바에서 칵테일이 마시고 싶을 때가 있죠. 먹는 음식에 따라서 어울리는 칵테일도 다르기 마련이고요. 저는 개인적으로 달콤한 칵테일은 별로 좋아하지 않아요. 미국에서 제가 가장 자주 마시고, 또 많은 사람들이 좋아하는 인기 있는 칵테일을 소개해 드릴게요.

Margarita

마가리타는 보통 테킬라와 라임 주스를 곁들여 만들어진 칵테일입니다. 소금 뿌린 가장자리가 있는 록 글라스에 담겨서 제공됩니다.

Martini

마티니는 보통 진이나 보드카를 사용하여 만들어진 칵테일로, 베르무트와 올리브나 레몬 껍질로 장식합니다.

Mojito

모히또는 대개 럼, 신선한 민트 잎, 라임 주스, 소다, 시럽을 사용하여 만들어진 칵테일입니다. 민트를 장식으로 넣고 얼음 위에 제공됩니다.

Mimosa

미모사는 보통 오렌지 주스와 샴페인을 혼합하여 만든 칵테일입니다. 브런치나 아침 식사에 인기가 많습니다.

Piña Colada

피냐 콜라다는 대개 파인애플 주스, 코코넛 크림, 럼을 사용하여 만들어진 칵테일입니다. 얼음에 감싸서 제공됩니다.

Cosmopolitan

코스모폴리탄은 대개 보드카, 크랜베리 주스, 트리플 섹, 라임 주스로 만들어진 칵테일입니다. 마티니 잔에 담겨 제공되고 레몬이나 라임을 장식으로 사용합니다.

UNIT 17

The largest one, please.

제일 큰 사이즈로 주세요.

A Hi! Can we get a mango dragonfruit lemonade?

B Yes, of course!

A And can we also get an iced americano?

B What size for the first drink?

A The largest one, please.

B Yes. And what was the second drink?

A An iced americano. Same size.

B Sure. Your name, please?

A Emily.

A 안녕하세요! 드래곤 프루트 레모네이드 한 잔 주시겠어요?

B 네. 그럼요!

A 그리고 아이스 아메리카노도 한 잔 주시겠어요?

B 첫 번째 음료는 어떤 사이즈로 드릴까요?

A 제일 큰 사이즈로 주세요.

B 네. 그리고 두 번째 음료는 뭐였죠?

A 아이스 아메리카노요. 같은 사이즈로요.

B 네. 성함을 알려 주시겠어요?

A 에밀리예요.

무엇을 드릴까요?	**What can I get for you?**
첫 번째 음료는 어떤 사이즈로 드릴까요?	**What size for the first drink?**
물론이죠.	**Yes, you can.** · Sure. 물론이죠. 　Of course. 물론입니다.
두 번째 음료는 뭐였죠?	**What was the second drink?**
드래곤 프루트 스무디에는 레모네이드를 넣어 드릴까요, 빼 드릴까요?	**Would you like the dragonfruit smoothie with lemonade or no lemonade?**
저희 레모네이드가 다 떨어졌어요.	**We don't have any lemonade.**
여기서 드시고 가시나요, 가지고 가시나요?	**For here or to go?**
더 필요한 것 있으세요?	**Anything else?**
5달러입니다.	**That will be 5 dollars.**

저희 드래곤 프루트 레모네이드 한 잔 주시겠어요?	**Can we get a mango dragonfruit lemonade?** ↳ black tea 홍차
그리고 아이스 아메리카노도 한 잔 주시겠어요?	**And can we also get an iced americano?**
제일 큰 걸로 주세요.	**The largest one, please.** ↳ tall 톨 사이즈 same size 같은 사이즈
모카 라떼 한 잔에 샷 추가해 주세요.	**A mocha latte with an extra shot, please.** syrup 시럽 · whipped cream 휘핑크림
우유 대신 두유를 넣어 주실 수 있으세요?	**Can I get soy milk instead of whole milk?** ↳ non-fat milk 무지방 우유 low-fat milk 저지방 우유
가지고 갈게요.	**To go, please.** ↳ For here 여기서 먹을게요
그게 다예요.	**That's all.**

81

WHAT'S UP
에디 쌤!

쌤! 스타벅스에는 음료 종류도 많지만 음료 위에 올리는 토핑 종류도 다양하더라고요. 영어로는 뭐라고 하는지 알려 주세요~

맞아요. 스타벅스에는 시즌 음료도 많고 커스터마이징으로 자기만의 개성 있는 음료를 주문해서 먹을 수 있어요. 특히 음료 위에 올리는 토핑의 종류에 따라 나만의 다양한 메뉴를 만들 수 있답니다. 다음은 알아 두면 좋은 음료 토핑의 종류를 정리해 봤어요. 좋아하는 토핑을 알아 뒀다가 주문할 때 활용해 보세요!

Sprinkle
위에 뿌려 주는 가루

Drizzle
드리즐(위에 뿌리는 액체)

Java chip
초콜릿 칩

Cookie crumble
잘게 부순 쿠키

Whipped cream
휘핑 크림

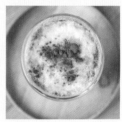

Cinnamon powder
시나몬 가루

UNIT

18

Dessert is on me!

디저트는 내가 살게!

A   Thanks for dinner!

B   Yeah, no problem.

A   Dessert is on me!

B   Are you sure? You don't have to do that.

A   Of course! I can't have you pay for everything.

B   I appreciate it. I know a place that sells the best crepes in town.

A   Really? How did you find it?

B   I asked the lady at the front desk of our hotel.

A   저녁 사 줘서 고마워!
B   (사는 게) 당연하지.
A   디저트는 내가 살게!
B   정말이야? 그럴 필요 없는데.
A   당연하지! 네가 다 살 수는 없잖아.
B   고마워. 이 동네에서 가장 맛있는 크레이프 파는 곳을 알아.
A   정말? 어떻게 찾았어?
B   호텔 프런트에 있는 여성분에게 어쭤봤어.

(사는 게) 당연하지.	**Yeah, no problem.** └ don't worry about it 당연하지
정말이야? 그럴 필요 없는데.	**Are you sure? You don't have to do that.**
고마워. 이 동네에서 가장 맛있는 크레이프 파는 곳을 알아.	Thank you 고마워 └ You're the best 네가 최고다 **I appreciate it. I know a place that sells the best crepes in town.** └ coffee 커피 pies 파이 cupcakes 컵케이크
호텔 프런트에 있는 여성분에게 여쭤봤어.	**I asked the lady at the front desk of our hotel.**
Yelp(음식점 리뷰 어플)도 유용하지만, 가끔은 신빙성이 떨어지더라고.	**Yelp is useful, but sometimes it's unreliable.**
고소한 맛부터 달콤한 맛까지 다 있어.	└ Everything 모두 **All kinds, from savory to sweet.**
네가 상상할 수 있는 모든 토핑이 있을 거야.	**They have literally all the toppings you can imagine.**
걸어갈 수 있는 거리야.	**It's within walking distance.** └ close to here 여기서 가까운
두 블록만 쭉 걸어가면 돼.	**We just need to walk straight for two blocks.**

저녁 사 줘서 고마워!

Thanks for dinner!

디저트는 내가 살게!

Dessert is on me!
└→ • coffee 커피 └ • my treat 대접

네가 다 살 수는 없잖아.

I can't have you pay for everything.

어떻게 찾았어?

How did you find it?

아, 왜 물어볼 생각을 못했지? 난 Yelp만 쓰고 있었는데.

Oh, why didn't I think of asking her? I've been using Yelp.

거기엔 어떤 크레이프를 팔아?

What kind of crepes do they sell there?   serve (음식을) 제공하다 ←┘

너무 기대돼. 빨리 먹어 보고 싶다.

I'm so excited. Can't wait to try them. └ • pumped 매우 기대되는

가는 길 알아?

Do you know the way?

WHAT'S UP 에디 쌤!

Q

쌤! 우리나라에서는 어디를 가나 카페가 있잖아요? 미국에서도 그럴 것 같은데, 미국 카페에서 자주 먹는 디저트들을 영어로 어떻게 하는지 알려 주세요.

저는 디저트를 굉장히 좋아하는 사람으로서, 미국에서 수많은 디저트를 먹어 봤는데요. 물론 카페의 특성에 따라 파는 디저트의 종류가 다르기도 하지만, 미국인들이 즐겨 먹고 흔히 볼 수 있는 디저트 종류를 정리해 드릴게요.

Chocolate cake

거의 모든 카페에 있는 초콜릿 케이크로, 많은 분들이 좋아하는 클래식 디저트죠.

Carrot cake

제 최애입니다. 촉촉한 당근 케이크 위에 크림 치즈 프로스팅을 얹기도 하죠.

Apple pie

사과, 계피 그리고 설탕으로 만들어졌고, 특히 가을철에 인기가 있는 디저트예요.

Key lime pie

라임 주스와 달콤한 연유로 만든 파이로, 미국 남부에서 인기 있는 디저트예요.

Crème brûlée

케러멜화된 설탕 토핑을 얹은 크리미한 디저트로, 고급스러운 디저트로 알려져 있어요.

Sundae

아이스크림 디저트로, 보통 아이스크림과 다양한 토핑이 함께 나오는 디저트입니다.

저는 개인적으로 당근 케이크를 가장 좋아해요. 특히 케이크 위에 있는 프로스팅이 너무 맛있었더라고요.

UNIT

19

We just sold out of that.

그건 방금 다 팔렸어요.

A   Hi, can I please have a blueberry muffin and a cappuccino?

B   I'm sorry, we just sold out of the blueberry muffins. Is there anything else you'd like instead?

A   Oh, that's too bad. Do you have any recommendations?

B   Our banana nut muffins and chocolate chip muffins are both very popular.

A   Hmm, those both sound good! I'll go for the banana nut muffin, then.

B   Absolutely. Would that be all for you?

A   Yup. Can you throw in a fork please?

B   Forks are available by the entrance. Thanks!

A   안녕하세요. 블루베리 머핀 하나랑 카푸치노 한 잔 주세요.
B   죄송해요. 방금 블루베리 머핀이 다 팔렸어요. 혹시 대신 다른 거 주문하시겠어요?
A   아, 아쉽네요. 혹시 추천해 주실 만한 게 있나요?
B   바나나 너트 머핀과 초콜릿 칩 머핀 둘 다 인기있는 메뉴입니다.
A   음, 둘 다 맛있을 것 같아요! 그럼 바나나 너트 머핀으로 할게요.
B   알겠습니다. 추가 주문은 없으시고요?
A   네. 포크도 같이 넣어 주시겠어요?
B   포크는 입구 쪽에서 가져가시면 됩니다. 감사합니다!

| 죄송해요, 방금 블루베리 머핀이 다 팔렸어요. | I'm sorry, we just sold out of the blueberry muffins. |

| 혹시 대신 다른 거 주문하시겠어요? | Is there anything else you'd like instead? |

cinnamon rolls 시나몬 롤
· chocolate croissants 초콜릿 크루아상

| 바나나 너트 머핀과 초콜릿 칩 머핀 둘 다 인기 있는 메뉴입니다. | Our banana nut muffins and chocolate chip muffins are both very popular. |

| 추가 주문은 없으시고요? | Would that be all for you? |

| 포크는 입구 쪽에서 가져가시면 됩니다. | Forks are available by the entrance. |

| 네, 바나나 너트 머핀 하나와 카푸치노 한 잔 확인해 드리겠습니다. | Alright, one banana nut muffin and a cappuccino. |

| 여기서 드시나요, 아니면 포장해 가시나요? | Would you like to eat here or take it to go? |

· it for here or to go? 드시고 가시나요, 가지고 가시나요?

| 몇 분 안에 준비될 예정입니다. | Your order will be ready in just a few minutes. |

· shortly 금방

| 창가 쪽에 있는 빈 테이블에 앉아 주세요. | You can have a seat at one of our empty tables by the window. |

· entrance 출입구

| 머핀과 카푸치노 맛있게 드세요! | Enjoy your muffin and cappuccino! |

안녕하세요, 블루베리 머핀 하나랑 카푸치노 한 잔 주세요.

Hi, can I please have a blueberry muffin and a cappuccino?

아, 아쉽네요.

Oh, that's too bad.
↳ unfortunate 아쉬운

혹시 추천해 주실 만한 게 있나요?

Do you have any recommendations?

음, 둘 다 맛있을 것 같아요!

Hmm, those both sound good!
amazing 훌륭한
delicious 맛있는

그럼 바나나 너트 머핀으로 할게요.

I'll go for the banana nut muffin, then. do (주문) 하다
get 가지다(주문하다)

포장해 주세요. 빨리 가야 해서요.

I think I'll just take it to go. I'm in a bit of a hurry.

네. 포크도 같이 넣어 주시겠어요?

Yup. Can you throw in a fork please?

감사합니다, 여기 10달러 현금으로 드릴게요.

Okay, here's a ten-dollar bill.
↳ ten dollars in cash 현금 10달러

Q

쌤! 카페에서 주문을 하거나 나가서 외식을 할 때 메뉴 정하는 게 생각보다 어렵잖아요? 우리말로는 쉬운데 영어로 하려면 말문이 막혀요. 이럴 땐 어떻게 해야 할까요?

맞는 말입니다. 메뉴를 정하는 것은 어디를 가나 어렵죠. 특히 음식 종류가 많거나 처음 가보는 곳에서는 더 혼란스러울 거예요. 이런 경우에는 혼자 생각에 잠기는 것보다 서버에게 물어보는 것이 더 편할 수도 있어요. 무슨 메뉴를 고를지 판단이 안 될 때 말할 수 있는 유용한 문장을 몇 개 알려 드릴게요.

- **Do you have any recommendations?** 추천하시는 메뉴가 있나요?

- **Do you have a personal favorite?**
  개인적으로 가장 좋아하시는 메뉴가 있나요?

- **Everything looks amazing. I don't know what to get.**
  다 너무 맛있어 보여요. 뭘 정할지 모르겠어요.

- **I'm stuck. Can you please help me decide?**
  막막해요. 메뉴 정하는 거 도와주실 수 있나요?

- **Can you tell me what the most popular menu item here is?**
  여기서 제일 인기 있는 메뉴가 무엇인지 알려 주실 수 있나요?

- **I'm looking for anything that's not too sweet. Can you please give me some options?**
  너무 단것만 아니면 돼요. 몇 가지 옵션 좀 주실 수 있으세요?

이런 식으로 조금만 용기를 내서 추천 메뉴를 물어보면 서버가 알아서 메뉴 정하는 것을 도와줄 거예요.

UNIT

20

It's cool if I pay with cash?

현금으로 계산해도 되는 거죠?

A   Hi! Can we get one iced americano and a mocha latte?

B   Of course. Anything else?

A   Yeah, we'll get a carrot cake.

B   That'll be $14.27.

A   What forms of payment do you accept other than card?

B   Pretty much everything! Card, cash, Venmo, Zelle, and Apple Pay.

A   I see. So it's cool if I pay with cash?

B   Yeah, of course! Cash is fine.

A   안녕하세요! 아이스 아메리카노 한 잔이랑 모카 라떼 한 잔 주시겠어요?
B   물론이죠. 다른 것 또 있으세요?
A   네, 당근 케이크 하나 주세요.
B   네. 14.27달러입니다.
A   결제는 카드 말고 어떻게 할 수 있나요?
B   거의 다 됩니다! 카드, 현금, 벤모, 젤, 에플 페이 등이요.
A   알겠습니다. 그럼 현금으로 계산해도 되는 거죠?
B   물론이죠! 현금으로 하셔도 됩니다.

무엇으로 드릴까요?	**What can I get for you?**
음료 사이즈는 어떻게 해 드릴까요?	**What size would you like for the drinks?**
다른 것 더 필요하세요?	**Anything else?** · Would that be all for you? 주문 더 하시겠어요?
총 14.27달러입니다.	**That'll be $14.27.** · That comes out to 총 ~ 나왔습니다
거의 다 됩니다! 카드, 현금, 벤모, 젤, 에플 페이 등이요.	· We accept everything 모든 결제 수단 가능합니다 **Pretty much everything! Card, cash, Venmo, Zelle, and Apple Pay.**
현금으로 하셔도 됩니다.	**Cash is fine.**
죄송합니다. 저희는 신용카드만 받고 있어요.	**I'm sorry. We accept credit cards only.**
[결제 금액에 비해 손님이 돈을 너무 많이 냈을 때] 확실하세요? 손님 100달러를 지불하셨어요.	**Are you sure? You paid $100.**

아이스 아메리카노 한 잔이랑
모카 라떼 한 잔 주시겠어요?

Can we get one iced americano and a mocha latte?
↳ cup of iced water 얼음물 한 잔

둘 다 큰 걸로 주세요.

Both large, please.
↳ the smallest size for both 둘 다 제일 작은 거

혹시, 모카 라떼 말고 바닐라
라떼로 주실 수 있으세요?

Actually, can I get the vanilla latte instead of the mocha latte?

네, 당근 케이크 하나 주세요.

Yeah, we'll get a carrot cake.
↳ do (주문)하다

결제는 카드 말고 어떻게 할 수
있나요?

What forms of payment do you accept other than card?

그럼 현금으로 계산해도 되는
거죠?

So it's cool if I pay with cash?
↳ okay 괜찮은

감사합니다! 잔돈은 가지셔도
돼요.

Thank you so much! You can keep the change.

좋은 하루 되세요!

Have a nice day!

Q

쌤! 외식을 하거나 카페에서 주문을 할 때 가끔 깜빡하고 지갑을 안 가져갈 때가 있잖아요? 이럴 때 결제 할 수 있는 수단들이 카드 외에도 있을 것 같은데, 미국에는 어떤 것을 사용하는지 알려 주세요!

보통 카드로 결제하는 게 편하기는 하지만, 지갑을 놓고 갈 수도 있고, 카드를 사용할 수 없는 상황도 있으니까요. 이럴 땐 대화문에 나온 말처럼 "What other forms of payment do you accept?"라고 물어보시면 돼요. 한국에도 다양한 결제 방식이 있는데, 미국에도 있답니다. 한 번 알아볼게요.

- **Cash** 현금
- **Credit card** 신용카드
- **Debit card** 직불카드
- **PayPal** 한국의 Toss와 비슷한 개념의 송금 앱
- **Venmo** 한국의 Toss와 비슷한 개념의 송금 앱
- **Apple Pay** 애플 페이
- **Gift card** 특정 음식점이나 카페에서 사용 가능한 기프트 카드
- **Zelle** 은행과 연동된 결제 및 송금 시스템

저는 개인적으로 후불 신용카드를 가장 많이 사용해요. 아이폰 사용자라면 미국에서는 확실히 애플 페이가 제일 편하더라고요. 한국에도 도입 중이죠. Venmo나 Zelle은 친구들에게 송금할 때 가장 자주 사용하는 앱입니다.

Where can I find the cereal aisle?

시리얼 코너는 어디에 있나요?

A   Excuse me, do you know where I can find the cereal aisle?

B   Sure. It's just down this aisle and to the left. You'll see a sign that says "Cereal."

A   Thank you! I've been looking all over for it.

B   No problem. Is there anything else you need help with?

A   Do you have any cereal recommendations? Actually, it's my first time in the States.

B   If you like something sweet, my personal favorite is Cinnamon Toast Crunch.

A   I'll give that a shot. Thank you!

B   You're welcome!

A   실례합니다만, 시리얼 코너가 어디에 있는지 아세요?

B   물론이죠. 이 통로를 따라 바로 내려가서 왼쪽으로 가시면 있어요. "시리얼"이라고 쓰인 표지판이 보일 거예요.

A   감사합니다! 계속 찾아다녔네요.

B   별말씀을요. 다른 도움이 필요한 건 없으세요?

A   추천해 주실 만한 시리얼이 있나요? 사실, 제가 미국이 처음이라서요.

B   만약 달콤한 것을 좋아하시면, 제가 가장 좋아하는 것은 시나몬 토스트 크런치입니다.

A   꼭 한번 먹어 볼게요. 감사합니다!

B   천만에요!

이 통로를 따라 바로 내려가서 왼쪽으로 가시면 있어요.	It's just down this aisle and to the left.
"시리얼"이라고 쓰인 표지판이 보일 거예요.	You'll see a sign that says "Cereal."
다른 도움이 필요한 건 없으세요?	Is there anything else you need help with?

fruity 과일향 나는 / crunchy 바삭한 ─┐

만약 달콤한 것을 좋아하시면, 제가 가장 좋아하는 것은 시나몬 토스트 크런치입니다.	If you like something sweet, my personal favorite is Cinnamon Toast Crunch.
천만에요!	You're welcome!

대부분의 사람들은 지방 2%나 전유를 선호하지만, 저는 개인적으로 아몬드 우유를 더 좋아해요.	Most people prefer 2% or whole milk, but I personally prefer almond milk.

└ · soy milk 두유
coconut milk 코코넛 우유
oat milk 귀리 우유

계산대는 이 통로 오른쪽 끝에 있어요.	The checkout is just at the end of this aisle to the right.

└ · left 왼쪽

좋은 하루 되세요!	Have a great day!

SPEAKING

실례합니다만, 시리얼 코너가 어디에 있는지 아세요?

Excuse me, do you know where I can find the cereal aisle?

> • ice cream aisle 아이스크림 코너
> snack aisle 간식 코너
> meat aisle 고기 코너
> frozen food aisle 냉동 식품 코너

계속 찾아다녔네요.

I've been looking all over for it.

추천해 주실 만한 시리얼이 있나요?

Do you have any cereal recommendations?

사실, 제가 미국이 처음이라서요.

Actually, it's my first time in the States.

꼭 한번 먹어 볼게요. 감사합니다!

I'll give that a shot. Thank you!

시리얼에 어울리는 우유 하나만 추천해 주실 수 있나요?

Do you have any suggestions for milk to go with the cereal?

> └ • fruit 과일

그리고 혹시 계산대가 어디에 있는지 알려 주실 수 있나요?

Also, before I go, can you tell me where the checkout is?

쌤! 시리얼은 종류가 참 다양하잖아요? 미국에서는 시리얼을 식사 대용으로 하는 경우가 많은데, 미국에서 유명하고 가장 인기 있는 시리얼은 뭐가 있는지 알려 주세요!

저는 아침으로 간단하게 시리얼 먹는 것을 좋아해요. 운동을 하면서 우유 대신 단백질 셰이크에 시리얼을 넣어 먹는 습관이 생겼어요. 단백질과 탄수화물을 간단히 함께 챙길 수 있어서 좋아요. 저는 개인적으로 단맛의 시리얼을 좋아해서, '시나몬 토스트 크런치(Cinnamon Toast Crunch)'라는 시리얼을 가장 선호합니다. 그 외에 미국에서 인기 있는 시리얼을 몇 개 알려 드릴게요.

Cinnamon Toast Crunch
시나몬 토스트 크런치 시리얼

Cheerios
통곡물로 구운 귀리를 베이스로 한 시리얼

Frosted Flakes
프로스팅으로 코팅된 콘 플레이크 시리얼

Lucky Charms
알록달록한 색으로, 마시멜로가 들어 있는 시리얼

Cap'n Cruch
옥수수와 귀리 베이스로, 독특한 모양이 특징인 시리얼

Special K
다이어트 시리얼로 유명. 약간 단맛이 나는 저지방 시리얼

저는 장을 볼 때 시리얼을 항상 패밀리 사이즈로 구매합니다. 보기에는 박스가 커 보여도 매일 먹으면 금방 먹게 되거든요. 저는 Cinnamon Toast Crunch를 너무 좋아한 나머지, 군대에 있을 때 부대로 해외 직구를 한 적도 있습니다. 여러분도 다양한 시리얼을 접해 보시고 입맛에 맞는 시리얼을 찾아보세요.

UNIT
22

I'm looking for a book called *Outliers*.

〈아웃라이어〉라는 책을 찾고 있는데요.

A Hello. I'm looking for a book called *Outliers*.

B Oh, that's a bestseller now. It's in the self-improvement section.

A Thank you. I heard it's really interesting.

B Of course. I've read it. It's fascinating.

A Oh, and I'm looking for *The Alchemist*.

B It's in the novel section. Please follow me.

A Yes, thank you for your help.

B The book will be in the "C" section.

A 안녕하세요. 〈아웃라이어〉라는 책을 찾고 있는데요.

B 아, 그 책은 지금 베스트셀러예요. 자기계발 코너에 있습니다.

A 감사합니다. 정말 재미있다고 들었어요.

B 맞아요. 저도 읽어 봤어요. 아주 흥미진진해요.

A 아, 그리고 〈연금술사〉도 찾고 있는데요.

B 그건 소설 코너에 있어요. 저를 따라 오세요.

A 네, 도와주셔서 감사합니다.

B 책은 "C" 섹션에 있을 겁니다.

아, 그 책은 지금 베스트셀러예요.	**Oh, that's a bestseller now.**
자기계발 코너에 있습니다.	**It's in the self-improvement section.** └ · science fiction 공상과학 historical fiction 역사소설
맞아요. 저도 읽어 봤어요. 아주 흥미진진해요.	**Of course. I've read it. It's fascinating.**
그건 소설 코너에 있어요. 저를 따라 오세요.	**It's in the novel section. Please follow me.** └ · I'll show you where it is 어디에 있는지 보여 드릴게요
책은 "C" 섹션에 있을 겁니다.	**The book will be in the "C" section.**
질문이 더 있으시면 언제든지 물어보세요.	**If you have any more questions, feel free to ask.** └ · don't hesitate 주저하지 않다
미스터리 장르에 다양한 책들이 들어와 있습니다.	**We have a great selection in the mystery genre.**
인기 있는 작품 몇 권을 보여 드릴게요.	**Let me show you some popular titles.**

안녕하세요. <아웃라이어>라는 책을 찾고 있는데요.	**Hello. I'm looking for a book called _Outliers_.**
감사합니다. 정말 재미있다고 들었어요.	**Thank you. I heard it's really interesting.**
아, 그리고 <연금술사>도 찾고 있는데요.	**Oh, and I'm looking for _The Alchemist_.**
네, 도와주셔서 감사합니다.	**Yes, thank you for your help.** ⌐ I appreciate ~해 주셔서 감사합니다
추천해 주실 만한 추리 소설이 있나요?	**Do you have any recommendations for mystery novels?** ⌐ suggestions 추천해 줄 만한 (책)
너무 좋아요.	**That would be fantastic.** ⌐ great 너무 좋은
재미있는 추리 소설은 항상 환영이죠.	**I'm always up for a good mystery.**

쌤! 요즘 인터넷으로 책을 많이 주문하지만, 저는 서점에 가서 둘러보는 것도 좋아하거든요. 도서별로 장르가 있는데, 이런 장르를 영어로는 뭐라고 할까요?

우리가 책을 살 때, 구매하고 싶은 책의 이름을 알면 쉽겠지만, 가끔은 다양한 장르의 책을 읽고 싶을 때가 있죠. 이럴 때는 도서의 장르를 제대로 알아 두면 유용하게 사용할 수 있어요. 이번에는 도서의 장르에 대해 알려 드릴게요.

- **Novel/Fiction** 소설
- **Classic** 고전
- **Science Fiction (Sci-Fi)** 공상 과학 소설
- **Mystery** 미스터리
- **Fantasy** 판타지
- **Historical Fiction** 역사 소설
- **Horror** 공포
- **Romance** 로맨스
- **Biography** 전기
- **Autobiography** 자서전
- **Comic Book** 만화
- **Cookbook** 요리책
- **Essay** 에세이
- **Self-Help** 자기계발

다른 나라에 여행을 갔을 때 서점을 일부러 들르기는 쉽지 않겠지만, 그래도 구경해 보면 재미있는 것들이 많을 거예요. 시간을 할애해서 서점 구경도 많이 해 보세요.

UNIT

23

Can I try this on?

이 옷 입어 봐도 돼요?

A   Excuse me, can I try this jacket on in a medium?

B   Of course, I can grab that for you. Do you want to head to the fitting room or try it on out here?

A   I'll try it on in the fitting room.

B   Great! The fitting rooms are located right over there. Let me know if you need any assistance.

A   Actually, do you have any other colors for this jacket?

B   Yes, we have it in black and navy blue as well.

A   Great. Can I see the navy blue one, too?

B   Sure. Let me grab that for you.

A   실례합니다만, 이 재킷을 미디엄 사이즈로 입어 볼 수 있을까요?

B   네, 가져다 드리겠습니다. 탈의실에 가서 입어 보시겠어요, 아니면 여기서 입어 보실래요?

A   탈의실에서 입어 볼게요.

B   알겠습니다! 탈의실은 바로 저쪽에 있습니다. 도움이 필요하시면 말씀하세요.

A   아, 혹시 이 재킷에 다른 색상도 있나요?

B   네, 검정색과 남색이 있습니다.

A   그렇군요. 그럼 혹시 남색도 볼 수 있을까요?

B   물론이죠. 바로 가져다 드릴게요.

한번 확인해 보겠습니다.

Let me check for you.

네, 미디엄 사이즈가 있네요!

Yes, we do have it in a medium!

, large 라지 / small 스몰

가져다 드리겠습니다.

I can grab that for you.

탈의실에 가서 입어 보시겠어요,
아니면 여기서 입어 보실래요?

, go 가다
**Do you want to head to the fitting
room or try it on out here?**

탈의실은 바로 저쪽에 있습니다.

**The fitting rooms are located right
over there.**

도움이 필요하시면 말씀하세요.

**Let me know if you need any
assistance.**

, help 도움

검정색과 남색이 있습니다.

**We have it in black and navy blue
as well.**
brown 갈색,
light blue 하늘색

절대 아니에요! 걱정 마세요.

You're good! No worries.

, Anytime 언제든지요

실례합니다만, 이 재킷을 미디엄 사이즈로 입어 볼 수 있을까요?	**Excuse me, can I try this jacket on in a medium?** · vest 조끼 t-shirt 티셔츠
네, 그렇게 해 주시면 감사하겠습니다.	**Yes, that would be amazing.** · wonderful 좋은
탈의실에서 입어 봐도 될까요?	**Can I try it on in the fitting room?**
저에게는 조금 크네요.	**It's a little big for me.** · too 너무 많이
더 작은 사이즈도 있나요?	**Do you have a smaller one?** · bigger 더 큰
이거 프리 사이즈인가요?	**Is it one-size-fits-all?**
이 재킷에 다른 색상도 있나요?	**Do you have any other colors for this jacket?**
혹시 남색도 볼 수 있을까요?	**Can I see the navy blue one, too?** · try on 입어 보다
번거롭게 해서 죄송합니다.	**Sorry for all the trouble.**

WHAT'S UP 에디 쌤!

Q

쌤! 백화점에서 쇼핑을 할 때 옷 종류가 참 많잖아요. 이 다양한 종류의 옷을 영어로 어떻게 말하는지 알려 주세요~

저도 디자인과 패션에 관심이 많은 사람으로서, 옷에 대해 읽고 브랜드의 역사에 대해서 배우는 것을 굉장히 좋아해요. 그러다 보니 우리가 매일 입는 옷의 종류도 다양하고, 평소에 패션에 관련된 용어를 따로 찾아보지 않는 이상 접할 기회가 많이 없다는 것도 알게 됐어요. 우리가 흔히 입는 옷의 종류를 영어로 알려 드릴게요.

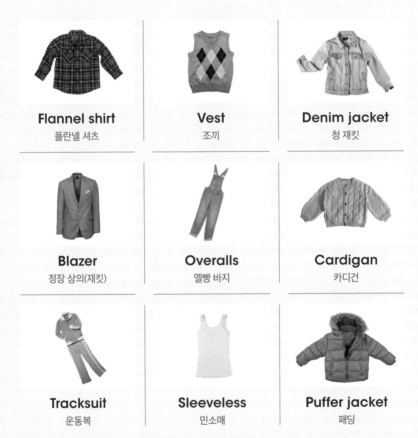

Flannel shirt	**Vest**	**Denim jacket**
플란넬 셔츠	조끼	청 재킷
Blazer	**Overalls**	**Cardigan**
정장 상의(재킷)	멜빵 바지	카디건
Tracksuit	**Sleeveless**	**Puffer jacket**
운동복	민소매	패딩

우리가 매일 입는 옷들이 영어로는 다른 것들이 많죠? 잘 외워 뒀다가 미국에서 쇼핑할 때 헷갈리지 않게 사용해 보세요.

UNIT 24

I'm just browsing.

그냥 둘러보는 거예요.

A Hello! Where can I find the men's section?

B The men's section is on the second floor.
Is there anything specific you're looking for?

A Not really, I'm just browsing.

B Okay. You might want to check out our new fall
collection. It just arrived yesterday.

A Oh, really? Is it also on the second floor?

B Yes, it includes a variety of items ranging from
casual wear to formal attire.

A Just what I'm looking for!
Can you show me where
the blazers are?

B Absolutely! Follow me and
I'll take you there.

A 안녕하세요! 남성복 코너는 어디에 있나요?

B 남성복 코너는 2층에 있습니다. 특별히 찾으시는 거 있으세요?

A 아니요, 그냥 둘러보는 거예요.

B 알겠습니다. 이번에 새로 나온 가을 컬렉션을 한번 확인해 보세요. 제품들이 어제 도착했어요.

A 아, 그래요? 그것도 2층에 있나요?

B 네, 평상복부터 정장까지 다양한 상품이 진열되어 있습니다.

A 딱 제가 찾던 옷이네요! 정장 재킷은 어디에 있는지 보여 주실 수 있나요?

B 그럼요! 따라 오시면 제가 모셔다 드릴게요.

남성복 코너는 2층에 있습니다.	The men's section is on the second floor. third floor 3층
특별히 찾으시는 거 있으세요?	Is there anything specific you're looking for? · in particular 특별히
찾는 데 도움이 필요하시면 말씀해 주세요.	Let me know if you need any help finding something.
이번에 새로 나온 가을 컬렉션을 한번 확인해 보세요.	You might want to check out our new fall collection.
제품들이 어제 도착했어요.	It just arrived yesterday. · got here 도착했다 / came 왔다
평상복부터 정장까지 다양한 상품이 진열되어 있습니다.	It includes a variety of items ranging from casual wear to formal attire.
따라 오시면 제가 모셔다 드릴게요.	Follow me and I'll take you there.
궁금한 점이나 도움이 필요하시면 말씀해 주세요.	Let me know if you have any questions or need help with anything else.
그리고 저희의 세일하는 상품들도 꼭 확인해 보세요.	Also, be sure to check out our sales section too.
행사 기간이 오늘까지예요.	Today's the last day of our promotion.

남성복 코너는 어디에 있나요?	**Where can I find the men's section?** women's 여성복 / kid's 아동복 ·
아니요, 그냥 둘러보는 거예요.	**Not really, I'm just browsing.** looking around 둘러보는 중인 ·
그럴게요, 감사합니다.	**Will do, thanks.**
아, 그래요? 그것도 2층에 있나요?	**Oh, really? Is it also on the second floor?**
딱 제가 찾던 옷이네요!	**Just what I'm looking for!** · Exactly 딱, 정확하게
정장 재킷은 어디에 있는지 보여 주실 수 있나요?	**Can you show me where the blazers are?**
꼭 확인해 볼게요.	**I'll make sure to check it out.**

Q

쌤! 백화점에서 쇼핑할 때 제가 찾는 코너의 이름을 알아야 물어볼 수라도 있잖아요. 백화점에서 볼 수 있는 다양한 코너를 영어로 뭐라고 하는지 알려 주세요.

맞아요. 백화점은 구경하고 쇼핑하기 정말 좋은 곳이지만, 층별로 구역이 명확하게 나뉘어 있어서 잘 알지 못하면 원하는 것을 찾기 어려울 수 있어요. 어떤 코너들이 있는지 한번 알아볼게요.

Men's Clothing
남성복

Women's Clothing
여성복

Children's Clothing
아동복

Shoes
신발

Food Court
푸드 코트

Beauty & Cosmetics
화장품

Furniture & Home Decor
가구

Electronics
전자제품

Sports & Fitness
스포츠웨어

25

I would like to return this, please.

이거 환불 받고 싶어요.

A Excuse me, I would like to return this shirt and get a refund, please.

B Sure. Do you have the receipt?

A Yes, here it is.

B Thank you. Is there anything wrong with the shirt?

A Well, it's too small for me.

B I see. Our return policy allows for returns within 30 days of purchase. And the item must be in its original condition with the tags still attached.

A Yes, I haven't worn it or removed the tags.

B Alright, let me handle your return. Your refund will be processed within 3-5 business days.

A 실례합니다. 이 셔츠를 반품하고 환불 받고 싶어요.

B 알겠습니다. 영수증 가지고 계세요?

A 네, 여기 있어요.

B 감사합니다. 셔츠에 무슨 문제라도 있나요?

A 음, 저에게 너무 작아요.

B 그렇군요. 저희 반품 규정은 구매 후 30일 이내에 반품이 가능합니다. 그리고 제품은 태그가 부착된 원래 상태여야 합니다.

A 네, 아직 착용하거나 태그를 제거하지 않았어요.

B 알겠습니다. 반품 처리해 드리겠습니다. 환불은 영업일 기준 3 5일 이내에 처리될 것입니다.

영수증 가지고 계세요?	**Do you have the receipt?**
셔츠에 무슨 문제라도 있나요?	**Is there anything wrong with the shirt?** 　· the pants 바지 　　the jacket 재킷 　　the coat 코트
저희 반품 규정은 구매 후 30일 이내에 반품이 가능합니다.	**Our return policy allows for returns within 30 days of purchase.**
그리고 제품은 태그가 부착된 원래 상태여야 합니다.	**And the item must be in its original condition with the tags still attached.**
알겠습니다, 반품 처리해 드리겠습니다.	**Alright, let me handle your return.**
고객님께서 원래 지불하셨던 형태로 환불해 드릴까요?	**Would you like the refund on your original form of payment?**
환불은 영업일 기준 3-5일 이내에 처리될 것입니다.	**Your refund will be processed within 3-5 business days.**
저희와 함께 쇼핑해 주셔서 감사합니다.	**Thank you for shopping with us.**

이 셔츠를 반품하고 환불 받고 싶어요.

I would like to return this shirt and get a refund, please.

네, 여기 있어요.

Yes, here it is.

저에게 너무 작아요.

It's too small for me.

↳ tight 꽉 끼는, 타이트한

제대로 안 맞아요.

It doesn't fit properly.

아직 착용하거나 태그를 제거하지 않았어요.

I haven't worn it or removed the tags.

↳ taken off 분리하다, 떼다

환불 받으려면 얼마나 걸릴까요?

How long will it take to get my refund?

셔츠에 자국이 있어요.

There are stains on the shirt.

환불 대신 다른 것으로 교환할 수 있나요?

Can I exchange this for another item?

Q

쌤! 구매한 물건을 반품하고 환불 받을 때 알아야 할 용어들이 있을 것 같아요. 간단한 것 같으면서도 어려운 게 환불 받는 일인데, 관련 영어 표현들 좀 알려 주세요.

기분 좋게 쇼핑을 하고 나중에 와서 보니, 물건이 오작동하거나 불량품이면 반품을 해야 하는 상황이 오기 마련입니다. 하지만 반품과 환불이 말처럼 쉽지만은 않죠. 미국에서 환불을 하기 위해 알아야 할 가장 중요한 표현들을 알려 드릴게요.

- **Return policy** 반품 정책
- **Return period** 반품 기간
- **Exchange** (물건 등) 교환
- **Customer service** 고객 서비스
- **Defective** 결함이 있는
- **Store credit** 상점 크레딧(반품/교환 시 제공하는 상점 크레딧으로, 해당 지점에서 돈 대신 사용할 수 있는 포인트)
- **Original packaging** 원본 포장(상품이 원래 포장되어 있던 상태)
- **Gift receipt** 선물 영수증(선물 받은 사람이 반품/교환할 때 사용할 수 있는 영수증)

이 내용들을 알아 두면 좀 더 수월하게 반품이나 환불 서비스를 받으실 수 있을 거예요.

UNIT

26

Do you have any bags on sale?

할인하는 가방들이 있나요?

A   Hello, do you have any bags on sale for Black Friday?

B   We sure do. Our Black Friday Sale goes on through the weekend.

A   Great! Can you show me where the bags on sale are?

B   Sure, follow me please. Our current bags on sale are marked with a black tag.

A   Can you tell me more about this bag?

B   Yes, this is our Lady Dior bag from our classic collection. It was originally priced at $5,600, but it's currently on sale for $3,500.

A   I see. What about this bag?

B   That's our Dior Book Tote bag from our summer collection. It was originally $3,500, but it's down to $2,500 now.

A   안녕하세요. 블랙 프라이데이 할인하는 가방들이 있나요?
B   있습니다. 블랙 프라이데이 할인은 주말 내내 진행됩니다.
A   알겠습니다. 할인하는 가방들이 어디에 있는지 볼 수 있을까요?
B   네, 이쪽으로 안내해 드리겠습니다. 현재 할인 중인 가방들은 검은색 태그로 표시되어 있습니다.
A   이 가방에 대해 더 설명해 주시겠어요?
B   네, 저희 클래식 컬렉션의 레이디 디올 가방이에요. 정가는 5,600달러이고, 현재는 3,500달러에 판매 중입니다.
A   그렇군요. 이 가방은요?
B   여름 컬렉션에 있는 디올 북 토트백입니다. 정가는 3,500달러인데, 현재 2,500달러로 할인 중입니다.

블랙 프라이데이 할인은 주말 내내 진행됩니다.	**Our Black Friday Sale goes on through the weekend.**
매장에서 특정 가방들을 할인해 드리고 있습니다.	**We have marked down select bags throughout the store.**
네, 이쪽으로 안내해 드리겠습니다.	**Sure, follow me please.** ↳ right over here 바로 여기입니다
현재 할인 중인 가방들은 검은색 태그로 표시되어 있습니다.	**Our current bags on sale are marked with a black tag.**
저희 클래식 컬렉션의 레이디 디올 가방이에요.	**This is our Lady Dior bag from our classic collection.**
정가는 5,600달러이고, 현재는 3,500달러에 판매 중입니다.	**It was originally priced at $5,600, but it's currently on sale for $3,500.**
여름 컬렉션에 있는 디올 북 토트백입니다.	**That's our Dior Book Tote bag from our summer collection.** ↳ winter collection 겨울 컬렉션
디올 리워드 카드 있으세요?	**Do you have a Dior rewards card?**
가입하시면 이번 구매 포인트 적립이 가능합니다.	**You can sign up and earn points on this purchase.**

안녕하세요, 블랙 프라이데이 할인하는 가방들이 있나요?	Hello, do you have any bags on sale for Black Friday? ⌐ · items 제품들
할인하는 가방들이 어디에 있는지 볼 수 있을까요?	Can you show me where the bags on sale are? ⌐ · tell me 알려 주다
와, 가격들이 정말 괜찮네요.	Wow, these prices are amazing.
이 가방에 대해 더 설명해 주시겠어요?	Can you tell me more about this bag?
그렇군요. 이 가방은요?	I see. What about this bag? └→ · this one 이거
둘 다 마음에 들어요.	I like both of them.
들어 봐도 되나요?	Can I try them on?
다 예쁘네요. 둘 다 주세요.	They look great. I'll take them both. get both of them 둘 다 사다 ⌐
리워드 멤버 프로그램에 가입할 수 있나요?	Can I join the rewards member program?

Q

쌤! 미국에는 세일 기간들이 참 많고 다양한 것 같은데요. 그중에 알아 두면 좋을 공휴일이나 세일 기간들을 알려 주세요~

미국에서 제일 큰 세일 및 행사 기간은 아마 Thanksgiving(추수감사절)일 거예요. Thanksgiving Day는 매년 11월 넷째 주 목요일인데, 'Black Friday'는 추수감사절 바로 다음 날인 금요일부터 시작됩니다. Black Friday를 기점으로 연말 쇼핑 시즌이 본격적으로 시작되며, 다양한 제품에 대한 대규모 할인과 프로모션을 제공합니다. 한국에서도 '블랙 프라이데이 행사'를 많이 하는 것으로 알고 있어요. 이외에 다양한 미국의 큰 세일 기간을 알려 드릴게요.

- **Cyber Monday** 추수감사절이 지나고 돌아오는 월요일인 '사이버 월요일'은 온라인 거래와 할인 행사가 유명합니다.

- **Memorial Day** 5월 말의 연방 공휴일. 여름의 시작을 알리는 시기이며, 많은 소매업자가 야외 용품과 여름 옷 할인을 제공합니다.

- **Labor Day** 9월 초의 연방 공휴일. 여름의 끝을 상징하며, 야외 용품, 여름 옷, 전자제품 등 다양한 할인을 제공하는 인기 있는 기간입니다.

- **Prime Day** 6월 중순에 아마존 프라임 회원을 위해 마련된 특별한 날로, 독점 할인과 혜택을 누릴 수 있습니다.

- **Back-to-school Season** 학생들이 학교로 돌아가기 전인 여름 말이나 초가을에 열리는 대규모 쇼핑 시즌. 소매업자들은 학교 용품, 옷, 전자제품 등의 할인을 제공합니다.

- **Super Saturday** 크리스마스 이전 주말인 이날은, 아직 연말 선물을 찾고 있는 쇼핑객들을 위해 마지막 할인과 혜택을 제공하는 연말 최대 세일 기간입니다.

UNIT

27

I'm looking for shoes for my friend.

친구에게 사 줄 신발을 찾고 있어요.

A　Excuse me. I'm looking for shoes for my friend. Can you help me find the perfect pair?

B　Of course, what size does your friend wear?

A　He wears a size 10.

B　Great. What style of shoe are you looking for?

A　I'm not sure. Do you have any recommendations?

B　Sure, we have a few different styles in that size. Are you looking for something casual or something sportier?

A　Definitely something sporty.

B　Got it. Let me show you some of our popular styles.

A　실례합니다. 친구에게 사 줄 신발을 찾고 있는데요. 어울리는 신발 찾는 것 좀 도와주시겠어요?

B　물론이죠. 친구 분 신발 사이즈가 어떻게 되나요?

A　10 사이즈를 신어요.

B　알겠습니다. 어떤 스타일의 신발을 찾으세요?

A　글쎄요. 추천할 만한 스타일이 있나요?

B　그럼요. 그 사이즈로 다양한 스타일이 있어요. 캐주얼한 것을 찾으시나요, 아니면 좀 더 스포티한 것을 찾으시나요?

A　스포티한 것이 좋겠어요.

B　알겠습니다. 인기 있는 스타일을 몇 가지 보여 드리겠습니다.

친구 분 신발 사이즈가 어떻게 되나요?	**What size does your friend wear?**
어떤 스타일의 신발을 찾으세요?	**What style of shoe are you looking for?** ▸ Is there a specific style you're looking for? 특별하게 찾으시는 스타일이 있나요?
그 사이즈로 다양한 스타일이 있어요.	**We have a few different styles in that size.**
캐주얼한 것을 찾으시나요, 아니면 좀 더 스포티한 것을 찾으시나요?	**Are you looking for something casual or something sportier?** ▸ more formal 더 격식 있는
인기 있는 스타일을 몇 가지 보여 드리겠습니다.	**Let me show you some of our popular styles.**
확인해 보겠습니다.	**Let me check.** ▸ take a look 한번 확인해 보다
현재 검은색과 흰색도 있습니다.	**We currently have them in black and white as well.**
맞는 사이즈를 가져다 드릴 테니 바로 여기서 신어 보세요.	**Let me grab your size and you can try them on right here.**

실례합니다. 친구에게 사 줄 신발을 찾고 있는데요.	**Excuse me. I'm looking for shoes for my friend.**
사이즈를 찾는 것 좀 도와주시겠어요?	**Can you help me find the right size?**
(그는) 10 사이즈를 신어요.	**He wears a size 10.**
추천할 만한 스타일이 있나요?	**Do you have any recommendations?** ⌐ suggestions 추천, 제안
스포티한 것이 좋겠어요.	**Definitely something sporty.**
이거 좋아 보이는데, 다른 색상도 있나요?	**These ones look nice, but do you have them in a different color?** ⌐ red 빨강색 / purple 보라색
제 친구가 검은색을 좋아할 것 같아요.	**I think my friend will like the black ones.**
맞는지 제가 한번 신어 봐도 될까요?	**Can I try them on to make sure they fit?** ⌐ see if they fit 맞는지 확인하다
이 신발 편하네요.	**These feel comfortable.**
이걸로 할게요.	**I think I'll take them.**

Q

쌤! 미국에서 신발을 사려고 했더니 사이즈 표기가 완전히 다르더라고요. 굉장히 당황했는데, 사이즈를 어떻게 읽는지 궁금해요. 그리고 신발 종류도 영어로 알면 쇼핑할 때 도움이 많이 될 것 같아요~

신발의 종류도 다양하지만, 일단 미국에서 신발을 구매할 때 가장 헷갈리는 것이 바로 신발 사이즈 표기입니다. 우리나라와 조금 다른 시스템이기 때문에 제대로 알아 두지 않으면 사이즈를 찾기 어려워요. 제가 한눈에 신발 사이즈를 알아보실 수 있게 표로 정리해 드리겠습니다.

남자 신발 사이즈		여자 신발 사이즈	
Korea	US	Korea	US
250	7	225	5.5
260	8	230	6
270	9	235	6.5
280	10	240	7
290	11	245	7.5
300	12	250	8

자주 신는 신발 종류도 알아 두면 유용하겠죠?

- **Sneakers** 스니커즈. 일상적인 캐주얼 슈즈로, 다양한 색상과 스타일로 제작됩니다.
- **Sandals** 샌들. 여름에 가장 많이 착용하는 스타일로, 시원한 느낌의 디자인이 많습니다. 스트랩이나 버클 디테일로 다양한 스타일링이 가능합니다.
- **Loafers** 로퍼. 편안한 착용감과 다양한 스타일링이 가능합니다. 가죽 소재로 제작된 것이 대부분이며, 오피스 룩에도 어울리는 슈즈입니다.
- **Flats** 플랫 슈즈. 굽이 낮고 편안한 착용감으로 여성들이 많이 착용하는 신발입니다. 발볼을 보호해 주는 디자인으로 제작되어 있습니다.

UNIT
28

What do you do for a living?

무슨 일을 하세요?

A Hi, I'm Eddie, Burg's friend.

B Hi, I'm Annie. Nice to meet you.

A Nice to meet you, too. So what do you do for a living?

B I'm a tattoo artist.

A Oh, that's interesting. What kind of tattoos do you do?

B I do all sorts of stuff. I specialize in classical art pieces and portraits.

A That's really cool. I've always wanted to get a tattoo, but I've never been sure what I wanted.

B Well, if you're ever looking for a tattoo, I'd be happy to help you out.

A 안녕하세요, 저는 버그의 친구 에디입니다.
B 안녕하세요, 저는 애니예요. 만나서 반갑습니다.
A 저도 반가워요. 무슨 일을 하세요?
B 저는 타투 아티스트예요.
A 와, 신기하네요. 주로 어떤 종류의 타투를 하세요?
B 다양하게 하죠. 고전 예술 작품, 초상화들을 전문으로 해요.
A 정말 멋져요. 항상 타투를 받아 보고 싶었는데, 제가 뭘 받고 싶은지 아직 모르겠어요.
B 그럼, 언젠가 타투를 받고 싶으실 때 제가 도와드릴게요.

안녕하세요, 저는 애니예요.
만나서 반갑습니다.

Hi, I'm Annie. Nice to meet you.

저는 타투 아티스트예요.

I'm a tattoo artist.

> journalist (신문/방송) 기자
> movie director 영화 감독

다양하게 하죠. 고전 예술 작품,
초상화들을 전문으로 해요.

I do all sorts of stuff. I specialize in classical art pieces and portraits.

언젠가 타투를 받고 싶으실 때
제가 도와드릴게요.

If you're ever looking for a tattoo, I'd be happy to help you out.

항상 미술에 관심이 있었고,
고등학교 졸업 이후로 타투를
배우기 시작했어요.

drawing 그림 그리기

I've always been interested in art, and I started learning the art of tattoos after high school.

저는 그 일에 푹 빠져서, 제
직업으로 삼기로 결심했어요.

I just kind of fell in love with it, and I decided to make it my career.

> job 직업

저는 예술을 통해 사람들이
자신을 표현하도록 돕는 게
좋아요.

I love being able to help people express themselves through art.

안녕하세요, 저는 버그의 친구 에디입니다.	**Hi, I'm Eddie, Burg's friend.**
저도 반가워요.	**Nice to meet you, too.** ↱ Likewise 저도 마찬가지예요
(생계로) 무슨 일을 하세요?	**What do you do for a living?**
와, 신기하네요. 주로 어떤 종류의 타투를 하세요?	**Oh, that's interesting. What kind of tattoos do you do?** ↳ type 종류
정말 멋져요.	**That's really cool.** ↳ amazing 대단한
항상 타투를 받아 보고 싶었는데, 제가 뭘 받고 싶은지 아직 모르겠어요.	**I've always wanted to get a tattoo, but I've never been sure what I wanted.**
타투는 어떻게 시작하게 되셨어요?	**So how did you get into tattooing?** start 시작하다 ↵ ↳ journalism 언론계 movies 영화 일
일이 엄청 힘들 것 같으면서도, 그만큼 보람이 있을 것 같아요.	**I'm sure it's a lot of work, but it must be really rewarding.**
만약 제가 타투를 받는다면 당신에게 처음으로 받고 싶어요.	**If I ever get a tattoo, I'll get my first one from you.**

쌤! 대화를 할 때 자연스럽게 대화를 이어 나가고 공감하는 것이 생각보다 어려운 것 같아요. 대화 중에 리액션을 하기가 특히 어려운데, 알아 두면 좋은 리액션 표현들을 알려 주세요.

대화할 때는 적절한 리액션이 정말 중요하죠. 리액션 하나만 잘해도 상대방의 호감을 살 수 있을 뿐더러, 상대방이 말을 더 하고 싶게 만드는 수단이 될 수도 있습니다. 특히 미국에서는 스몰토크와 함께 리액션을 하는 것이 아주 중요하기 때문에 상황에 따른 리액션 표현을 알려 드릴게요.

슬픈 일에 공감할 때

- **I'm so sorry to hear that.** 안타깝다. / 유감이야.
- **That sucks.** 안됐다. / 그럴 수가.
- **I can't imagine how angry you're feeling.**
  네가 얼마나 화가 났을지 상상이 안 가.

놀랐을 때

- **Wow, that's crazy/amazing!** 와, 그거 엄청나다!
- **You're kidding!** 농담하지 마! / 장난하지 마!
- **Get out of here!** 거짓말 마!

긍정의 표시, 맞는 말에 공감할 때

- **100%!** 100% 공감해!
- **For sure.** 당연하지.
- **Absolutely.** 물론이지.
- **Right.** 네 말이 맞아.

UNIT

29

Can I buy you a drink?

제가 한 잔 사 드려도 될까요?

A   Hi, can I buy you a drink?

B   Sure, why not? I'll have a margarita.

A   So what brings you here tonight?

B   Just hanging out with some friends. We're celebrating my promotion.

A   Congratulations! What do you do?

B   I'm a graphic designer for a magazine. And you?

A   I work in consulting. Listen, I don't want to be too forward, but would you like to grab lunch sometime? Maybe next week?

B   Sure. Here's my number. Call me tomorrow and we'll figure something out.

A 안녕하세요. 제가 한 잔 사 드려도 될까요?

B 좋죠. 마가리타로 할게요.

A 오늘은 무슨 일로 여기에 오셨어요?

B 그냥 친구들이랑 놀러 왔어요. 제 승진 축하 기념으로요.

A 축하드려요! 무슨 일을 하세요?

B 잡지 그래픽 디자이너예요. 그쪽은요?

A 저는 컨설팅 쪽에서 일해요. 음, 너무 성급하게 굴고 싶지는 않은데, 언제 점심 식사하실래요?
   다음 주 중에 어때요?

B 좋아요. 이건 제 번호예요. 내일 전화 주세요. 뭘 할지 정해 봐요.

좋죠. 마가리타로 할게요.

Sure, why not? I'll have a margarita.
Piña Colada 피냐 콜라다
Jameson on the rocks 제임슨 온더락

그냥 친구들이랑 놀러 왔어요.
제 승진 축하 기념으로요.

• spending time 시간을 보내다
**Just hanging out with some friends.
We're celebrating my promotion.**

잡지 그래픽 디자이너예요.
그쪽은요?

**I'm a graphic designer for a
magazine. And you?**
• What about you? 그쪽은요?

이건 제 번호예요.

Here's my number.

내일 전화 주세요. 뭘 할지 정해
봐요.

**Call me tomorrow and we'll figure
something out.**

미안해요, 저 남자친구가
있어요.

I'm sorry, but I'm seeing someone.

전화 기다릴게요.

I'll wait for your call.

128

안녕하세요, 제가 한 잔 사 드려도 될까요?	**Hi, can I buy you a drink?**
오늘은 무슨 일로 여기에 오셨어요?	**So what brings you here tonight?** └→ what's the occasion? 무슨 일로 오셨어요?
축하드려요! 무슨 일을 하세요?	**Congratulations! What do you do?**
저는 컨설팅 쪽에서 일해요.	**I work in consulting.** └→ finance 금융업 healthcare 의료 산업
너무 성급하게 굴고 싶지는 않은데, 언제 점심 식사하실래요?	**I don't want to be too forward, but would you like to grab lunch sometime?**
다음 주 중에 어때요?	**Maybe next week?**
전화번호를 주실 수 있나요?	**Can I have your number?** └→ Instagram 인스타그램
꼭 전화할게요.	**I'll make sure to call you.** └→ be sure 확실히 하다

Q

쌤! 누군가에게 처음 말을 거는 것은 항상 두려운 일인 것 같아요. 처음 보는 사람에게, 또는 마음에 드는 이성에게 말을 걸어 보고 싶을 때 어떤 식으로 인사를 하는 것이 좋을까요?

가끔씩 정말 한 번 말을 걸어 보고 싶은 사람이 있죠? 평소에 존경했던 사람을 우연히 마주쳤거나, 마음에 드는 이성을 발견했을 때, 첫 말을 어떻게 시작할지 막막할 수 있어요. 이럴 때 알아 두면 좋을 몇 가지 문장들을 알려 드릴게요.

- **Hi, I don't think we've met. I'm Eddie.**

  안녕하세요, 우리 아직 인사를 안 한 것 같네요. 저는 에디예요.

  → 진부하게 느껴질 수도 있지만, 말을 걸고 싶은 사람 앞에 가서 "우리 아직 인사를 안 한 것 같네요."라고 말한 다음 자기소개를 하는 방법은 간단하면서 부담 없는 인사예요.

- **What brings you here today?**

  오늘 무슨 일로 여기에 오셨어요?

  → 이 질문은 특정한 목적이 있는 장소에서 만났을 때(레스토랑, 바 등) 할 수 있는 말입니다.

- **Hey, how are you? I just wanted to say hi.**

  안녕하세요? 그냥 인사드리고 싶었어요.

  → 이 표현은 아주 평범하지만, 상대방에게는 "우리 서로 친하게 지내요."라는 뉘앙스로 받아들여집니다.

UNIT

30

There are plenty of great places nearby.

근처에 좋은 음식점들이 굉장히 많아요.

A   I was wondering if you could recommend any good local restaurants around here?

B   Absolutely. There are plenty of great places nearby. What kind of food are you in the mood for?

A   Anything, really. What are some of your personal favorites?

B   Well, if you like Mexican, there's a place called 'La Hacienda' just a few blocks from here.

A   Do you know any Italian places?

B   I recommend 'Pitta's Pasta,' which is about a 10-minute drive away.

A   Thank you. I was actually debating between Italian and seafood.

B   If you're in the mood for seafood, you can try 'Fisherman's Wharf.'

A   이 근처에 괜찮은 로컬 식당 좀 추천해 주실 수 있을까 해서요.
B   물론이죠. 근처에 좋은 음식점들이 굉장히 많아요. 어떤 종류의 음식을 찾으세요?
A   정말 아무거나요. 개인적으로 좋아하시는 곳이 있나요?
B   음, 멕시코 음식을 좋아하시면, 여기서 몇 블록만 가면 '라 하시엔다'라는 곳이 있어요.
A   이탈리안 레스토랑도 있나요?
B   차로 10분 정도 거리에 있는 '피타스 파스타'를 추천해요.
A   감사합니다. 사실 이탈리아 음식이나 해산물 중에서 뭘 먹을까 하고 있었거든요.
B   해산물이 당기시면, '피셔맨스 워프'에 한번 방문해 보세요.

근처에 좋은 음식점들이 굉장히 많아요.	There are plenty of great places nearby.
어떤 종류의 음식을 찾으세요?	What kind of food are you in the mood for? ⌐ feeling 원하다 / looking for 찾고 있다
멕시코 음식을 좋아하시면, 여기서 몇 블록만 가면 '라 하시엔다'라는 곳이 있어요.	If you like Mexican, there's a place called 'La Hacienda' just a few blocks from here. ⌐ away 떨어진
이탈리안 레스토랑을 찾으시면, 차로 10분 정도 거리에 있는 '피타스 파스타'를 추천해요.	⌐ Vietnamese 베트남 음식 / Chinese 중식 For Italian, I recommend 'Pitta's Pasta,' which is about a 10-minute drive away. ⌐ walk 도보로
해산물이 당기시면, 여기서 차로 15분 정도 거리에 있는 '피셔맨스 워프'에 한번 방문해 보세요.	If you're in the mood for seafood, you can try 'Fisherman's Wharf,' which is about a 15-minute drive from here.
맛있는 칵테일을 찾으신다면 '위스키 룸'을 추천합니다.	If you're looking for a nice cocktail, I recommend checking out 'The Whiskey Room.'
식사 맛있게 하세요!	Enjoy your meal!

132

이 근처에 괜찮은 로컬 식당 좀
추천해 주실 수 있을까 해서요.

I was wondering if you could recommend any good local restaurants around here?

└ · fine dining restaurants 파인다이닝 레스토랑

정말 아무거나요. 개인적으로
좋아하시는 곳이 있나요?

Anything, really. What are some of your personal favorites?

개인적으로 어디를 가장
선호하시나요?

Which one do you personally like the most?

└ · visit most often 자주 방문하다

이탈리안 레스토랑도 있나요?

Do you know any Italian places?

사실 이탈리아 음식이나
해산물 중에서 뭘 먹을까 하고
있었거든요.

I was actually debating between Italian and seafood.

추천해 주셔서 정말 감사합니다.

Thank you so much for the recommendations.

오늘 밤에 한번 가 봐야겠네요.

I think I'll check it out tonight.

아, 그리고 근처에 술 마실 만한
괜찮은 곳 아세요?

By the way, do you know of any good places to grab a drink nearby?

Q

쌤! 음식이 맛있을 때 "It's delicious."라는 표현 말고도 있나요? 영화나 미드에서는 다른 표현을 들은 것 같아서요. "맛있다."라고 할 때 표현이 많은 것 같은데 좀 알려 주세요~

음식에 대해 "맛있다."라고 표현할 때, "This is delicious."라는 표현을 가장 많이 알고 있을 거예요. 이 표현도 당연히 쓸 수 있지만, 또 다양한 다른 표현들이 존재합니다. 평범한 표현부터 트렌디한 표현까지 알려 드릴게요.

- **This crepe is so good.**
  크레이프가 매우 맛있다.
- **All the food here is amazing.**
  이 식당의 모든 음식이 정말 맛있다.
- **Their fried chicken is to die for.**
  프라이드치킨이 죽도록 맛있다.
- **These tacos are bomb.**
  타코가 매우 맛있다. (폭탄이 터지듯 맛있다)
- **This butter chicken is fire.**
  버터 치킨이 정말 맛있다. (불이 솟아나듯이 맛있다)
- **Their burger slaps.**
  햄버거가 맛있다. (힙합, SNS에서 인기 있는 표현)

UNIT 31

Thank you for holding the elevator!

엘리베이터를 잡아 주셔서 감사합니다!

A   Thank you for holding the elevator!

B   No problem at all. Are you going down to the lobby?

A   Yes, I am! Thank you.

B   I know how frustrating it can be to miss an elevator.

A   Yeah, especially when you're in a hurry.

B   Seems like you've got fun plans today!

A   Yes! I'm going to a gallery a few blocks away.

B   I'm sure you'll have a great time.

A   엘리베이터를 잡아 주셔서 감사합니다!
B   아닙니다. 로비로 내려가실 건가요?
A   네, 맞아요! 감사해요.
B   엘리베이터를 놓치면 짜증나잖아요.
A   맞아요, 특히 급한 상황에서요.
B   오늘 무슨 재미있는 계획이 있으신 것 같네요!
A   네! 몇 블록 떨어진 곳에 있는 갤러리에 가요.
B   분명 즐거운 시간이 되실 거예요.

아닙니다. 로비로 내려가실
건가요?

**No problem at all. Are you going
down to the lobby?**
└ᐧ second floor 2층

엘리베이터를 놓치면
짜증나잖아요.

**I know how frustrating it can be to
miss an elevator.** └ᐧ annoying 짜증이 난

저도 아까 엘리베이터를 한 번
놓쳤어요.

I also missed the elevator earlier.

몇 층에 가세요?

Which floor are you going to?
└ᐧ What floor? 몇 층에 가세요?

오늘 무슨 재미있는 계획이
있으신 것 같네요!

**Seems like you've got fun plans
today!** └ᐧ Looks like ~처럼 보이다

분명 즐거운 시간이 되실
거예요.

I'm sure you'll have a great time.
have a blast 정말 좋은 시간을 보내다 ᐧ┘

안녕히 가세요.

Take care.
└ᐧ Take it easy 안녕히 가세요

엘리베이터를 잡아 주셔서 감사합니다!	**Thank you for holding the elevator!**
맞아요, 특히 급한 상황에서요.	**Yeah, especially when you're in a hurry.**
저는 4층에 가요.	**I'm going to the 4th floor.**
꽉 찼네요. 저는 다음 것을 탈게요.	**There's no space. I'll take the next one.**
몇 블록 떨어진 곳에 있는 갤러리에 가요.	**I'm going to a gallery a few blocks away.** · visiting 방문하다
다행이네요. 정말 기대돼요.	**That's great to hear. I'm really looking forward to it.** · pumped 기대되다
이야기할 수 있어서 좋았어요.	**It was nice talking to you.**

Q

쌤! "*Take it easy.*"처럼 대화를 끝마칠 때 하는 인사들이 있잖아요? 상대방과 간단한 대화를 하고 마무리 지을 때 할 수 있는 영어 표현들을 알려 주세요~

미국에서는 'small talk'라는 문화가 보편화되어 있어요. 길에서나 엘리베이터에서 초면인 사람들과도 대화를 편하게 하는 것이 일상입니다. 하지만 대화를 시작하는 것은 쉬울 수 있어도, 타이밍에 맞게 대화를 끊고 마무리 짓기는 쉽지 않아요. 제가 일상에서 가장 자주 사용하고 많이 듣는 대화 마무리 표현들을 알려 드릴게요.

- **Have a good one!**
  좋은 하루 보내세요!
- **It was nice talking to you.**
  대화할 수 있어서 좋았어요.
- **Catch you later!**
  나중에 또 만나요!
- **I'll see you around.**
  또 봐요.
- **Enjoy the rest of your day.**
  남은 하루 잘 보내세요.
- **Until next time.**
  다음에 또 뵈어요.
- **Stay in touch.**
  연락하고 지내요.
- **Have a great [day/weekend/week].**
  남은 하루/주말/한 주 잘 보내요.

대화를 마무리하고 헤어질 때 "See you later.(다음에 만나요.)"만 사용해 왔다면, 위 표현들을 잘 외워 두었다가 활용해 보세요.

UNIT

32

I'm going to have to take a raincheck.

약속을 다음으로 미뤄야 할 것 같아.

A Hey Annie, it's Eddie. I'm so sorry but I'm going to have to take a raincheck on brunch tomorrow.

B No problem! Is everything okay?

A Yeah, it's just that I sprained my ankle and I think I should go to the hospital.

B Oh my gosh! Are you okay? Do you want to reschedule for another time?

A Yes, I'm fine. Let's do that. How about Saturday?

B Saturday works for me! Same time and place?

A Sure, that sounds great. I was looking forward to checking out that new brunch café that you suggested.

B Yeah, they have great food there.

A I'm excited. I'll make sure to recover by then.

A 애니, 나 에디야. 정말 미안한데 내일 브런치는 다음으로 미뤄야 할 것 같아.

B 괜찮아! 무슨 문제라도 생겼어?

A 응, 발목을 삐어서 병원에 가 봐야 할 것 같아.

B 세상에! 괜찮아? 그럼 다른 시간으로 잡아 볼까?

A 그게 좋겠어. 토요일은 어때?

B 토요일 가능해! 시간이랑 장소는 똑같이 할까?

A 좋아. 네가 추천해 준 새 브런치 카페를 정말 가 보고 싶어.

B 응, 거기 음식이 훌륭해.

A 기대된다. 그때까지 회복할게.

투려움 없이
LISTENING

괜찮아! 무슨 문제라도 생겼어?	**No problem! Is everything okay?** Is everything alright? 무슨 문제 있어?
세상에! 괜찮아? 그럼 다른 시간으로 잡아 볼까?	**Oh my gosh! Are you okay? Do you want to reschedule for another time?**
토요일 가능해!	**Saturday works for me!** · sounds good 좋다
시간이랑 장소는 똑같이 할까?	**Same time and place?**
시간을 좀 당길 수 있을까?	**Can we meet a little earlier?**
다른 장소는 어때?	**How about somewhere else?**
토요일은 일이 있어. 일요일은 어때?	**I have plans on Saturday. How about Sunday?**
거기 음식도 훌륭하고, 커피도 정말 맛있어.	**They have some great food and their coffee is amazing.**
기대된다. 그날 만나!	**I can't wait. See you then!**

정말 미안한데 내일 브런치는 다음으로 미뤄야 할 것 같아.	I'm so sorry but I'm going to have to take a raincheck on brunch tomorrow. └ • dinner 저녁
발목을 삐어서 병원에 가 봐야 할 것 같아.	┌ • ruptured 파열됐다 It's just that I sprained my ankle and I think I should go to the hospital.
토요일은 어때?	How about Saturday? └ • How does Saturday sound? 토요일은 어때?
네가 추천해 준 새 브런치 카페를 정말 가 보고 싶어.	I was looking forward to checking out that new brunch café that you suggested.
기대된다. 그때까지 회복할게.	I'm excited. I'll make sure to recover by then.
어쨌든, 이해해 줘서 고마워.	Anyways, thanks for understanding.

> Q
>
> 쌤! 약속이 있을 때 늦거나 사정이 생겨서 취소할 수도 있잖아요? 저는 약속을 할 때 자주
> 늦는 편인데요, 이럴 땐 상대방에게 영어로 어떻게 말해야 하는지 알려 주세요~

약속은 지키라고 있는 게 맞지만, 예기치 못한 상황들이 생길 때도 있어요. 약속을 취소해
야 할 수도 있고, 친구에게 "곧 갈게.", "조금만 기다려 줘." 등의 말을 해야 될 상황도 생기
죠. 약속에 늦게 되었을 때 알아 두면 좋을 표현들을 알려 드릴게요.

- **I'll be there in 5.**

  5분 후에 도착해요.

- **I'm running a bit late.**

  조금 늦을 것 같아요.

- **I got held up, so I'll be a bit late.**

  (일, 상황 등이) 지연돼서 조금 늦을 것 같아요

- **I'm stuck in traffic, so I'll be a little late.**

  차가 막혀서 조금 늦을 것 같아요

- **Something came up, I'll be 5 minutes late.**

  일이 좀 생겨서 5분 정도 늦을 것 같아요.

- **Can we push our meeting back by 10 minutes?**

  우리 미팅을 10분 정도 미룰 수 있을까요?

자세한 상황 설명은 만나서 하더라도, 약속 시간에 왜 늦는지, 언제쯤 도착하는지를 언급
해 두면 상대방이 화가 덜 날 거예요. 위 표현들을 적극적으로 사용해 보세요.

UNIT
33

Is it within walking distance?

걸어서 갈 수 있는 거리인가요?

A   Excuse me. Do you know how I can get to the nearest Blue Bottle?

B   Yeah, sure. It's not far from here.

A   Is it within walking distance?

B   Yes, it's about ten minutes away.

A   Thank goodness. I'm running late. Do you happen to know the directions?

B   Sure. Walk straight and take a right at the bank. Then you'll see a crosswalk. The Blue Bottle is right there.

A   Got it. Take a right and look for a crosswalk. Thank you. You're a lifesaver.

B   No problem. You'll find it pretty easily. Have a great day.

A   실례합니다. 혹시 근처에 제일 가까운 블루보틀에 어떻게 가는지 아세요?
B   네. 여기서 멀지 않아요.
A   걸어서 갈 수 있는 거리인가요?
B   네. 10분 정도 거리입니다.
A   다행이네요. 실은 약속 시간에 조금 늦었거든요. 혹시 가는 방향을 알고 계세요?
B   그럼요. 이쪽으로 직진하시다가 은행이 나오면 우회전하세요. 그러면 횡단보도가 나올 거예요. 거기에 블루보틀이 있어요.
A   알겠습니다. 우회전 후 횡단보도를 찾으면 되겠군요. 감사합니다. 오늘 저를 살리셨어요.
B   네. 어려움 없이 찾으실 거예요. 좋은 하루 되세요.

네. 여기서 멀지 않아요.

Yeah, sure. It's not far from here.
└ **· near** 가까운

네, 10분 정도 거리입니다.

Yes, it's about ten minutes away.

(지도를 보며) 지금 위치가 여기예요.

We're right here.

그럼요. 이쪽으로 직진하시다가 은행이 나오면 우회전하세요.

Sure. Walk straight and take a right at the bank. └ **· turn** 돌다

그러면 횡단보도가 나올 거예요.

Then you'll see a crosswalk.
└ **· you can find** 발견하실 수 있어요

거기에 블루보틀이 있어요.

The Blue Bottle is right there.

길을 건너세요.

Cross the street.

네. 어려움 없이 찾으실 거예요.

No problem. You'll find it pretty easily.

좋은 하루 되세요.

Have a great day.

SPEAKING

실례합니다. 혹시 근처에 제일
가까운 블루보틀에 어떻게
가는지 아세요?

Excuse me. Do you know how I can get to the nearest Blue Bottle?

↳ closest 가장 가까운

걸어서 갈 수 있는 거리인가요?

Is it within walking distance?

↳ Can I walk there? 제가 거기 걸어갈 수 있나요?

제가 이 동네가 처음이어서요.

It's my first time around here.

다행이네요. 실은 약속 시간에
조금 늦었거든요.

Thank goodness. I'm running late.

혹시 가는 방향을 알고 계세요?

Do you happen to know the directions?

↳ how to get there 거기에 어떻게 가는지

알겠습니다. 우회전 후
횡단보도를 찾으면 되겠군요.

Got it. Take a right and look for a crosswalk.

감사합니다. 오늘 저를
살리셨어요.

Thank you. You're a lifesaver.

Q

쌤! 처음 가는 곳을 어떻게 가야 할지 모를 때, 정말 난감한 것 같아요. 어딘가로 가는 방법을 물어볼 때 유용한 표현이 있으면 알려 주세요~

정말 맞는 말이에요. 우리가 누군가에게 목적지까지 가는 방법을 물어볼 때, 어떻게 물어 봐야 할지를 모르면 소통하는 데 벽이 생기기 마련이죠. 길을 물을 때 유용하게 쓸 수 있는 표현들을 몇 가지 알려 드릴게요.

- **How far is it to ~?**
  ~까지 얼마나 먼가요?

- **How do I get to ~?**
  ~까지 어떻게 가나요?

- **Is it walking distance?**
  걸어갈 수 있는 거리인가요?

- **Is this the right way to ~?**
  ~로 가는 길이 맞나요?

- **Can you give me directions to ~?**
  ~로 가는 길을 알려 주실 수 있어요?

- **Which way should I go to get to ~?**
  어느 쪽으로 가야 ~에 갈 수 있어요?

위 표현들만 알아 둬도 어디에서 길을 물어볼 때 막히는 일은 없을 거예요. 대신 대답하는 표현도 알아야 상대방의 말을 알아들을 수 있겠죠? 다음 유닛에서 길을 안내하는 표현을 알려 드릴게요.

Do you know how to get to Universal Studios?

유니버설 스튜디오까지 어떻게 가는지 아세요?

A   Excuse me, do you know how to get to Universal Studios from here?

B   Sure, it's just a few miles away. Did you drive here?

A   No, I didn't. Is there a bus or subway that goes there?

B   Yes, you can take either one. The bus stop is right over there, and the subway station is just a few blocks away.

A   Thank you so much. Can you tell me which bus or subway line to take?

B   Sure. You can take the 7 bus or the blue line subway.

A   Great, thanks. How long does it take to get there?

B   It usually takes around 30 minutes by bus and 20 minutes by subway.

A   실레합니다만, 혹시 여기서 유니버설 스튜디오까지 어떻게 가는지 아세요?
B   그럼요, 몇 마일만 가면 있어요. 운전하고 오셨어요?
A   아니요. 거기로 가는 버스나 지하철이 있나요?
B   네, 둘 다 탈 수 있어요. 버스 정류장은 바로 저기에 있고, 지하철역은 몇 블록 떨어진 곳에 있어요.
A   정말 감사합니다. 버스나 지하철 노선은 무엇을 타야 하는지 알려 주실 수 있나요?
B   물론이죠. 7번 버스나 파란 선 지하철을 타시면 돼요.
A   그렇군요. 감사합니다. 소요 시간이 어떻게 되나요?
B   보통 버스로는 30분, 지하철은 20분 정도 걸려요.

그럼요, 몇 마일만 가면 있어요.	**Sure, it's just a few miles away.** _{· minutes 분}
운전하고 오셨어요?	**Did you drive here?** _{· Did you bring a car? 차를 가져오셨나요?}
네, 둘 다 타실 수 있어요.	**Yes, you can take either one.**
버스 정류장은 바로 저기에 있고, 지하철역은 몇 블록 떨어진 곳에 있어요.	**The bus stop is right over there, and the subway station is just a few blocks away.** _{across the street 길 건너면 ·}
7번 버스나 파란 선 지하철을 타시면 돼요. 둘 다 유니버설 스튜디오로 가요.	**You can take the 7 bus or the blue line subway. They both go to Universal Studios.**
보통 버스로는 30분, 지하철은 20분 정도 걸려요.	**It usually takes around 30 minutes by bus and 20 minutes by subway.**
교통비가 충분한지 확인해 보세요.	**Make sure you have enough money for the fare.** _{· ride 교통수단}
버스는 2.5달러, 지하철은 3달러예요.	**It's $2.50 for the bus and $3.00 for the subway.**
유니버설 스튜디오에서 재밌게 놀다 오세요!	**I hope you have a blast at Universal Studios!** _{· wonderful time 좋은 시간}

실례합니다만, 혹시 여기서 유니버설 스튜디오까지 어떻게 가는지 아세요?

Excuse me, do you know how to get to Universal Studios from here?

거기로 가는 버스나 지하철이 있나요?

Is there a bus or subway that goes there?

버스나 지하철 노선은 무엇을 타야 하는지 알려 주실 수 있나요?

Can you tell me which bus or subway line to take?

그렇군요, 감사합니다. 소요 시간이 어떻게 되나요?

Great, thanks. How long does it take to get there?

네, 그렇게 나쁘진 않네요.

Okay, that's not too bad.

‣ not bad at all 괜찮네요

방금 핸드폰 배터리가 떨어져서 완전히 길을 잃었어요.

My phone just ran out of battery so I was completely lost. ‣ died 배터리가 다 떨어졌다

저 지금 완전히 관광 모드예요.

I'm doing all the touristy things.

Q

쌤! 반대로 상대방이 길을 물어볼 때 대답도 해 줄 수 있으면 좋겠어요. 길을 안내할 때 유용한 표현들을 알려 주세요.

영어 공부를 할 때는 물어보고 대답하는 것을 둘 다 할 수 있어야 진짜 활용이 가능해요. 질문하는 것을 배웠으면 답변하는 것도 알려 드려야죠. 길을 알려 줄 때 유용한 표현들만 모았습니다.

- **Walk straight along this street.**
  이 길을 따라 직진하세요.

- **Cross the bridge/street.**
  다리/길을 건너세요.

- **Turn left/right at the intersection.**
  교차로에서 좌/우회전하세요.

- **~ is on your left/right.**
  ~은 왼쪽/오른쪽에 있어요.

- **Take a left/right turn at the first/second corner.**
  첫 번째/두 번째 모퉁이에서 좌회전/우회전하세요.

- **Head straight until you reach the stoplight/roundabout.**
  정지 등/회전 교차로 방향에 도달할 때까지 직진하세요.

- **It is next to the café.**
  카페 옆에 있어요.

Can you turn right here?

여기서 우회전해 주시겠어요?

A   Can you turn right at the next intersection?

B   Sure thing. Is it on this block?

A   Yes, it's on the left side of the street. You should see a sign that says "Quarters Korean BBQ."

B   We're almost there. What time is your reservation?

A   It's at 7 PM. I hope I'm not too late.

B   You should be good. It's only a few minutes past seven now.

A   다음 교차로에서 우회전해 주실 수 있으세요?

B   그럼요. 이 블록에 있는 건가요?

A   네, 길 왼쪽에 있어요. "Quarters Korean BBQ"라고 쓰여진 간판이 있을 거예요.

B   거의 다 왔네요. 예약은 몇 시로 하셨어요?

A   저녁 7시요. 제가 너무 늦지 않았길 바라요.

B   괜찮을 것 같아요. 지금 7시 몇 분밖에 안 됐네요.

이 블록에 있는 건가요?	**Is it on this block?**
거의 다 왔네요. 예약은 몇 시로 하셨어요?	**We're almost there. What time is your reservation?**
괜찮을 것 같아요. 지금 7시 몇 분밖에 안 됐네요.	┌→ alright 괜찮은 **You should be good. It's only a few minutes past seven now.**
저도 언젠간 한번 가 봐야겠네요.	**I'll have to try it myself sometime.**
네, 도착했습니다.	**Alright, we've arrived.** └→ we're here 도착했어요
15.50달러입니다.	**That'll be $15.50 for the ride.** └→ trip 여정
여기에서 세워 드릴까요?	**Should I drop you off here?**
여기 거스름돈 있습니다.	**Here's your change.**

다음 교차로에서 우회전해 주실 수 있으세요?	**Can you turn right at the next intersection?** → make a right 우회전하다
네, 길 왼쪽에 있어요.	**Yes, it's on the left side of the street.**
"Quarters Korean BBQ"라고 쓰여진 간판이 있을 거예요.	**You should see a sign that says "Quarters Korean BBQ."**
저녁 7시요. 제가 너무 늦지 않았길 바라요.	**It's at 7 PM. I hope I'm not too late.** → terribly (강조) 몹시, 많이
전에 여기에 몇 번 와 본 적이 있어요. 제가 가장 좋아하는 한국 바비큐 식당이에요.	**I've been here a few times before. It's my favorite Korean BBQ place.**
바로 여기예요. 여기서 멈춰 주시면 됩니다.	**Here it is. You can stop here.** → pull up 정지하다
태워 주셔서 감사합니다.	**Thanks for the ride.**
거스름돈은 가지세요.	**Keep the change.**

쌤! 택시나 우버에서 기사님에게 길을 설명할 때 정확하게 알려 드리고는 싶은데, 어떻게 말해야 할지 모르겠어요. 차에 탑승했을 때 유용한 표현들을 알려 주세요 ~

미국에서는 자차가 있더라도 우버나 리프트, 택시를 이용하는 상황이 자주 발생해요. 이 럴 때 기사님에게 정확하게 길을 안내해 드려야 가고자 하는 곳에 도착할 수 있겠죠. 목적 지를 얘기할 때 알아 두면 좋은 표현을 알려 드릴게요.

- **Can you take me to [destination]?** [목적지]로 가 주세요.
  → 원하는 장소를 명확하고 직접적으로 전달하는 방법입니다.

- **Can you please turn left/right at the next intersection?**
  다음 교차로에서 좌회전/우회전해 주세요.
  → 기사님이 올바른 방향으로 회전할 수 있도록 안내하는 표현입니다.

- **Please go straight on this road for [distance].**
  이 길을 [거리] 동안 직진해 주세요.
  → 특정 거리 동안 특정 도로를 따라 직진하도록 말해 주는 표현입니다.

- **It's on the left/right side of the street.** 길 왼쪽/오른쪽에 있습니다.
  → 목적지가 거리의 어느 쪽에 위치하는지를 기사님에게 알리는 데 유용합니다.

- **There should be a sign that says [sign].**
  [간판]이 있을 거예요.
  → 목적지가 즉시 보이지 않을 때 도움이 되며, 운전자가 위치를 파악하는 데 도움이 됩니다.

- **We're here. You can drop us off here.**
  도착했습니다. 여기서 내려 주세요.
  → 목적지에 도착했을 때 기사님에게 말하는 표현입니다.

UNIT 36

What's our ETA?

언제쯤 도착할까요?

A   What's our ETA?

B   Just a few more minutes. You're visiting the museum, right?

A   Yeah, it's my first time here in the States, so I'm just exploring.

B   Nice! So you're here on vacation?

A   I'm actually here for a conference, but I plan on doing some sightseeing as well.

B   That's awesome. There's so much to see and do around here. Have you planned out your trip?

A   Not really, I'm more of a spontaneous traveler. Do you have any recommendations?

B   Oh, definitely. If you're into art, you should also check out the gallery across the street.

A   언제쯤 도착할까요?
B   몇 분만 있으면 도착이에요. 박물관 방문하는 거 맞으시죠?
A   네, 미국은 처음이라서 여기저기 돌아다니고 있어요.
B   좋네요! 그럼 여행을 오신 거죠?
A   사실 회의 때문에 왔는데, 관광도 좀 할 계획이에요.
B   멋지네요. 이 근처에는 볼 것도 많고 할 것도 많아요. 여행 계획은 다 짜 놓으셨어요?
A   아뇨, 전 즉흥적으로 여행하는 것을 좋아해서요. 추천해 주실 만한 거 있으세요?
B   그럼요. 예술에 관심 있으시면, 길 건너편에 있는 갤러리도 한번 가 보세요.

몇 분만 있으면 도착이에요.
박물관 방문하는 거 맞으시죠?

Just a few more minutes. You're visiting the museum, right?

좋네요! 그럼 여행을 오신 거죠?

Nice! So you're here on vacation?
· I'm assuming 추측컨대

---

a lot 많은 ┐

멋지네요. 이 근처에는 볼 것도 많고 할 것도 많아요. 여행 계획은 다 짜 놓으셨어요?

That's awesome. There's so much to see and do around here. Have you planned out your trip?
itinerary 여행 일정 ·

예술에 관심 있으시면, 길 건너편에 있는 갤러리도 한번 가 보세요.

· If you like art 미술을 좋아한다면
If you're into art, you should also check out the gallery across the street.

맛집 탐방을 좋아하시면, 여기 모퉁이만 돌면 이 동네 가장 맛있는 타코 식당이 있어요.

If you're into food, there's this amazing restaurant around the corner that serves the best tacos in town.
· most delicious
가장 맛있는

(우버 기사를 한 지) 이제 2년 정도 됐어요. 꽤 짭짤한 부업이에요.

About 2 years now. It's a pretty cool gig.

이 일(우버 운전)의 유연성이 마음에 들어요. 게다가 다양한 사람들을 만날 수 있어서 좋고요.

Also 또, 추가적으로 ┐
I like the flexibility of the job. Plus, I get to meet all sorts of interesting people.

그렇죠, 저는 여기서 태어나고 자랐어요. 멋진 도시죠!

Yeah, born and raised. It's a great city!

언제쯤 도착할까요?	**What's our ETA?**
혹시 저희 언제쯤 도착하는지 아세요?	**How much longer until we arrive?**
네, 미국은 처음이라서 여기저기 돌아다니고 있어요.	**Yeah, it's my first time here in the States, so I'm just exploring.**
사실 회의 때문에 왔는데, 관광도 좀 할 계획이에요.	**I'm actually here for a conference, but I plan on doing some sightseeing as well.** → business trip 비즈니스 여행
아뇨, 전 즉흥적으로 여행하는 것을 좋아해서요.	**Not really, I'm more of a spontaneous traveler.**
추천해 주실 만한 거 있으세요?	**Do you have any recommendations?**
감사합니다! 꼭 가 볼게요.	**Sounds great! I'll check those out.**
우버 운전하신 지는 얼마나 되셨어요?	**How long have you been driving for Uber?**
대단하네요. 그래도 가끔 힘드시지 않으세요?	**That's cool. Isn't it draining sometimes?**
그럴 수도 있겠네요. 평생 여기서 사셨어요?	**I can imagine. Have you lived here your whole life?** → entire 평생

Q

쌤! 한국에서도 그렇지만, 미국에서 택시나 우버를 타면 기사님들이 종종 말을 거시잖아요? 미국 우버의 기사님들이 가장 자주 하는 질문들이 따로 있으면, 몇 가지 알려 주세요~

미국에서는 확실히 택시보다 우버를 많이 탑니다. 우버든 택시든 타고 가는 도중에 기사님들과 '스몰토크'를 종종 하게 되는데요. 앞에서도 말했듯이 미국에서 스몰토크는 아주 흔하기 때문에 대화 주제를 몇 가지 알아 두면 유용하게 쓸 수 있어요. 개인적으로 우버를 타면서 가장 자주 나눴던 대화 주제와 자주 받았던 질문을 알려 드리겠습니다.

- **Where are you from?**
  어디서 태어나고 자라셨어요? / 어디 출신이세요?

- **What plans do you have for today?**
  오늘 무슨 계획이 있으세요?

- **Do you work around here? Or are you a student?**
  이 근처에서 일하세요, 아니면 학생이세요? (캠퍼스 근처에서 타면 종종 받는 질문)

- **Do you live around here?**
  이 근처에 사세요? (사는 환경에 대한 대화 주제)

- **Where do you want me to drop you off?**
  어디에서 내려 드릴까요? (길이 복잡할 때)

- **The traffic around here is terrible.**
  이 주변 교통이 너무 막혀요. (길이 많이 막히는 상황일 때)

UNIT 37

I would like to exchange Korean won for US dollars.

원화를 달러로 환전하고 싶어요.

A   Hi, I would like to exchange some Korean won for US dollars.

B   Sure. How much do you want to exchange?

A   500,000 won.

B   Okay. Let me check the current rate. That comes out to be $380. Would you like to proceed?

A   Yes, please.

B   Great. Do you have your passport or any other form of ID with you?

A   Yes, I have my passport.

B   Thank you. Now, do you want it in cash or would you prefer it to be deposited into your bank account?

A   I would like it in cash, please.

A   안녕하세요, 원화를 미국 달러로 환전하고 싶은데요.
B   네, 얼마를 환전해 드릴까요?
A   50만 원이요.
B   알겠습니다. 현재 환율을 확인해 보겠습니다. 380달러네요. 환전을 진행해 드릴까요?
A   네, 환전해 주세요.
B   알겠습니다. 여권이나 다른 신분증을 보여 주시겠어요?
A   네, 여권이 있어요.
B   감사합니다. 현금으로 받으시겠어요, 아니면 계좌로 입금해 드릴까요?
A   현금으로 주세요.

얼마를 환전해 드릴까요?	**How much do you want to exchange?**
현재 환율을 확인해 보겠습니다. 380달러네요.	· see (확인해) 보다 **Let me check the current rate. That comes out to be $380.**
환전을 진행해 드릴까요?	**Would you like me to proceed with the exchange?**
여권이나 다른 신분증을 보여 주시겠어요?	**Do you have your passport or any other form of ID with you?**
네, 기록을 남겨야 돼서 정보를 좀 적겠습니다.	write down 적어 놓다 · **Great, I'll need to take down some information for our records.**
현금으로 받으시겠어요, 아니면 계좌로 입금해 드릴까요?	**Do you want it in cash or would you prefer it to be deposited into your bank account?** · wired (돈 등이) 송금된
달러가 충분한지 확인해 봐야 해서요. 몇 분 정도 걸릴 수 있습니다.	**I'll need to check if we have enough dollars on hand. It might take a few minutes.**
기다려 주셔서 감사합니다. 여기 380달러입니다.	**Thank you for your patience. Here is your $380.** · waiting 기다림

160

안녕하세요, 원화를 미국 달러로 환전하고 싶은데요.	**Hi, I would like to exchange some Korean won for US dollars.**
원화 50만 원을 환전하고 싶어요.	**I have 500,000 won that I would like to exchange.**
네, 환전해 주세요.	**Yes, please.**
네, 여권이 있어요.	**Yes, I have my passport.**
여권 여기 있습니다.	**Here's my passport.** ⌐, **Here you go** 여기 있습니다
현금으로 주세요.	**I would like it in cash, please.**
제 계좌로 입금해 주세요.	**Deposit it into my bank account, please.**
괜찮습니다, 천천히 하세요.	**That's fine, take your time.**

WHAT'S UP 에디 쌤!

Q

쌤! 외국에 체류하다 보면 은행에 갈 일이 생기기도 하는데요. 계좌를 만들거나 할 때 어떤 말들이 필요한지 알면 좋을 것 같아요. 은행에서 쓸 만한 말들을 알려 주세요~

네. 잠깐 여행을 가는 거라면 환전하는 경우가 전부겠지만, 워킹 홀리데이를 가거나 어학연수만 가도 은행에 갈 일이 생길 거예요. 이럴 때 간단한 말이라도 알고 가는 것과 모르고 가는 것은 자신감에서 큰 차이가 있죠. 아래 표현들을 꼭 알아 두세요!

- **I want to open an account.**
  계좌를 만들고 싶어요.
- **I want to make a transfer.**
  송금을 하려고 해요.
- **I want to make a debit card.**
  체크카드를 만들고 싶어요.
- **I want to check my account balance.**
  통장 잔액을 확인하고 싶어요.
- **I want to withdraw cash.**
  현금을 인출하고 싶어요.
- **Is there a fee?**
  수수료가 있나요?

UNIT

38

I have a reservation for a rental car.

렌터카를 예약했어요.

A   Hi, I have a reservation for a rental car. It's under Lee K.

B   Yup, I have your reservation here. Can I see your license and credit card?

A   Here you go.

B   Thank you. Your reservation is confirmed. Your car is parked outside in spot "A24." Here are the keys and rental agreement.

A   Thanks. How do I return the car and what do I do about fuel?

B   Please return it with a full tank to avoid refueling fees. You can park in the designated area and drop the keys in the box.

A   Great. Thanks for the information.

B   You're welcome, Mr. Lee. Enjoy your trip and have a fantastic day!

A   안녕하세요. 렌터카를 예약했는데요. 리 케이로 예약했어요.

B   네, 예약 확인되었습니다. 운전면허증과 신용카드를 보여 주시겠어요?

A   여기 있습니다.

B   감사합니다. 예약이 확정되었습니다. 차량은 "A24" 주차 구역에 있습니다. 열쇠와 대여 계약서 드리겠습니다.

A   감사합니다. 차는 어떻게 반납하고 연료는 어떻게 해야 할까요?

B   연료를 가득 채운 상태로 반납해 주시면 추가 연료 비용을 안 내실 수 있습니다. 지정된 구역에 주차하고 열쇠는 박스에 넣어 주세요.

A   그럴게요. 알려 주셔서 감사합니다.

B   별 말씀을요. 즐거운 여행 되시고 좋은 하루 보내세요!

네, 예약 확인되었습니다.	**Yup, I have your reservation here.**
운전면허증과 신용카드를 보여 주시겠어요?	**Can I see your license and credit card?** · Can you show me 보여 주실 수 있나요
감사합니다. 예약이 확정되었습니다.	**Thank you. Your reservation is confirmed.**
차량은 "A24" 주차 구역에 있습니다.	**Your car is parked outside in spot "A24."**
열쇠와 대여 계약서 드리겠습니다.	**Here are the keys and rental agreement.**
연료를 가득 채운 상태로 반납해 주시면 추가 연료 비용을 안 내실 수 있습니다.	**Please return it with a full tank to avoid refueling fees.**
지정된 구역에 주차하고 열쇠는 박스에 넣어 주세요.	**You can park in the designated area and drop the keys in the box.**
출발하기 전에 차량 조작에 관련된 질문이 있으면 말씀해 주세요.	**Before you leave, let me know if you have any questions about operating the vehicle.**
여기 제 명함입니다. 언제든지 전화해 주세요.	**Here is my business card. You can call me anytime.**
즐거운 여행 되시고 좋은 하루 보내세요!	**Enjoy your trip and have a fantastic day!**

안녕하세요, 렌터카를
예약했는데요. 리 케이로
예약했어요.

Hi, I have a reservation for a rental car. It's under Lee K.

여기 있습니다.

Here you go.
└→ Here they are 여기 있습니다

차는 어떻게 반납하고 연료는
어떻게 해야 할까요?

How do I return the car and what do I do about fuel? └→ How should I go about returning the car
차는 어떻게 반납할까요

그럴게요.

I'll do that.

제가 더 알아야 할 것들이
있나요?

Anything else I should know?
be aware of 알다 ·┘

제가 혹시 도움이 필요한 경우에
연락할 번호 하나만 주실 수
있을까요?

Can I get your number just in case I need assistance?
└→ help 도움

알려 주셔서 감사합니다.

Thanks for the information.

Q

쌤! 미국에서도 차를 렌트할 수 있잖아요? 차를 렌트하기 전에 차의 종류를 알면 도움이 될 것 같아요. 다양한 차의 종류를 알려 주세요~

차를 렌트할 때 차종은 가장 큰 고민 중에 하나죠. 평소에 사기 어려웠던 꿈의 차를 빌려 볼 수도 있고요. 운전 목적에 따라 상황에 맞는 차를 적절하게 고르려면 종류를 제대로 알아 두는 것이 중요해요. 몇 가지 차의 종류를 알려 드릴게요.

Sedan
세단

Hatchback
해치백

SUV
SUV (스포츠 유틸리티 차량)

Minivan
미니밴

Convertible
컨버터블

Coupe
쿠페

Sports car
스포츠카

Electric car
전기차

Hybrid car
하이브리드차

UNIT

39

I've never fueled up at a self-service station before.

셀프 주유소를 처음 이용해요.

A Excuse me. I'm a bit confused. I've never fueled up at a self-service station before. How do I use the pump and pay for the fuel?

B First, select the pump number on the console to activate the pump.

A Got it. What do I do after that?

B Insert the nozzle into your car's fuel tank and squeeze the handle to start fueling.

A I see. And how do I pay?

B We accept cards and cash.

A Thank you. Anything else I need to know?

B That's pretty much it. If you need assistance, ask our staff or press the "Help" button on the pump console.

A 실례합니다. 조금 헷갈려서요. 셀프 주유소를 처음 이용하는데요. 주유기를 어떻게 사용하고 연료비는 어떻게 지불해야 하나요?

B 먼저 콘솔에서 펌프 번호를 선택해 펌프를 작동시키세요.

A 알겠습니다. 그 다음에는 뭘 해야 하나요?

B 노즐을 차의 연료 탱크에 넣고 손잡이를 누르시면 주유가 시작됩니다.

A 그렇군요. 요금은 어떻게 지불하나요?

B 카드나 현금 둘 다 가능합니다.

A 감사합니다. 더 알아야 할 것들이 있을까요?

B 별다른 건 없어요. 도움이 필요하면 직원에게 물어보시거나 펌프 콘솔의 "Help" 버튼을 눌러 주세요.

그럼요, 어떻게 도와드릴까요?	**Of course, how can I help?**
먼저 콘솔에서 펌프 번호를 선택해 펌프를 작동시키세요.	**First, select the pump number on the console to activate the pump.**
노즐을 차의 연료 탱크에 넣고 손잡이를 누르시면 주유가 시작됩니다.	**Insert the nozzle into your car's fuel tank and squeeze the handle to start fueling.**
카드나 현금 둘 다 가능합니다.	**We accept cards and cash.** ㆍonly accept cash 현금만 받는다
별다른 건 없어요.	**That's pretty much it.** ㆍThat's it 그게 다예요 That's about it 다 알려 드렸어요
도움이 필요하면 직원에게 물어보시거나 펌프 콘솔의 "Help" 버튼을 눌러 주세요.	**If you need assistance, ask our staff or press the "Help" button on the pump console.**
물론이죠!	**You're welcome!** ㆍMy pleasure 물론이죠 No problem 물론이죠
더 궁금한 게 있으시면 언제든 물어보세요.	**If you have more questions, feel free to ask.**
안전한 여행 되세요!	**Safe travels!**

실례합니다. 주유소를 이용하는 법이 조금 헷갈려서요.

Excuse me. I'm a bit confused about how to use this gas station.

셀프 주유소를 처음 이용해요.

I've never fueled up at a self-service station before.

주유기를 어떻게 사용하고 연료비는 어떻게 지불해야 하나요?

How do I operate the pump and pay for the fuel?　• work 작동하다

알겠습니다. 그 다음에는 뭘 해야 하나요?

Sounds easier than I thought
┌• 생각했던 것보다 쉽네요
Got it. What do I do after that?
└• And then what do I do
　그 다음엔 뭘 해야 해요

요금은 어떻게 지불하나요?

How do I pay?

감사합니다. 더 알아야 할 것들이 있을까요?

Thank you. Anything else I need to know?

도와주셔서 감사합니다.

I appreciate your help.

쌤! 렌트를 하거나 차를 사면 꼭 주유소는 가야 하잖아요. 주유소에서 접할 수 있는 용어들을 영어로 알려 주세요~

미국은 땅이 넓기 때문에 단순히 여행만 하더라도 렌트를 하는 경우가 종종 있어요. 그럴 때는 주유소 방문이 필수인데요. 주유소는 oil station이 아니라 gas station이라는 것은 모두 아시죠? 그 외에 주유소에서 알아야 할 유용한 표현들을 몇 가지 알려 드릴게요.

Gasoline (Gas)
휘발유

Diesel
경유

Unleaded
무연

Fill up
(기름을) 가득 채우다

Fill up half a tank
(기름을) 반만 채우다

Wash the car
세차를 하다

UNIT 40

Finding parking around here is tough.

여기 주차하기 좀 힘들 것 같아 보여.

A Finding parking around here is tough. See any spots?

B Hey look! There's one up ahead. Try parking there.

A Perfect. Good eye!

B Watch out for the car behind us.

A Thanks for the reminder.

B Hey, you're getting good at this!

A I guess, but I'm still not used to parking.

B That's fine. You just need time to get used to it. Make sure to lock the car.

A Done. Let's check for parking restrictions. Do you see any signs?

B Two-hour parking on weekdays until 6 PM.

A 여기 주차하기 좀 힘들 것 같아 보여. 빈자리 보여?
B 어! 저기 앞에 하나 있네. 저쪽에 주차해 봐.
A 좋아. 잘 찾았다!
B 뒤에 있는 차 조심하고.
A 알려 줘서 고마워.
B 오, 곧잘 하네!
A 그렇긴 한데, 아직 주차하는 게 익숙하지 않아.
B 괜찮아. 익숙해질 시간이 좀 필요하지. 차 문 잠그는 거 잊지 말고.
A 다 했어. 주차 제한 확인해 보자. 표지판 같은 거 보여?
B 평일 오후 6시까지 2시간 주차가 가능해.

어! 저기 앞에 하나 있네.

Hey look! There's one up ahead.

여기 만차인 것 같아.

The parking lot seems to be full here.

저쪽에 주차해 봐.

Try parking there.

뒤에 있는 차 조심하고.

Watch out for the car behind us.
· Look out 주의해라

근처에 진입로나 소화전 없지?

No driveways or hydrants, right?

오, 곧잘 하네!

Hey, you're getting good at this!

괜찮아. 익숙해질 시간이 좀 필요하지.

That's fine. You just need time to get used to it.

차를 뒤로 바짝 후진시켜.

Back the car up closely.

차 문 잠그는 거 잊지 말고.

Make sure to lock the car.
· Don't forget 잊지 마

평일 오후 6시까지 2시간 주차 가능해.

Two-hour parking on weekdays until 6 PM.

여기 주차하기 좀 힘들 것 같아 보여.

Finding parking around here is tough.
└ ‚ isn't easy 쉽지 않다

빈자리 보여?

See any spots?

좋아. 잘 찾았다!

Perfect. Good eye!

알려 줘서 고마워.

Thanks for the reminder.

주차 브레이크 넣고, 엔진 껐어.

Parking brake on, engine off.

그렇긴 한데, 아직 주차하는 게 익숙하지 않아.

I guess, but I'm still not used to parking.

다 했어. 주차 제한 확인해 보자.

Done. Let's check for parking restrictions.

표지판 같은 거 보여?

Do you see any signs?

좋아. 갈 준비 됐어?

Got it. Ready to go?
└ ‚ Good to go? 갈 준비 됐어?

Q

쌤! 주차장에 따라 유료인 곳도 있고, 시간대에 따라 무료인 곳도 있고 다양하잖아요. 주차장에서 유용하게 쓰는 영어도 있을까요?

네, 물론이죠. 가끔 좋은 식당이나 호텔에 가면 발레파킹을 해 주는 경우도 있고, 외부인도 주차가 가능한지 물어봐야 할 때도 있어요. 알아 두면 유용한 주차 관련 문장들을 몇 개 볼까요?

- **Is parking available here?**
  여기 주차 가능한가요?

- **Can non-residents park here?**
  외부인도 주차할 수 있나요?

- **How much is the parking fee?**
  주차 요금이 얼마인가요?

- **Can I pay when I leave?**
  나갈 때 정산해도 되나요?

- **Do you provide valet parking here?**
  여기 발레파킹 해 주시나요?

- **Is there designated parking for individuals with disabilities?**
  장애인 전용 주차장이 있나요?

- **Until what time is parking paid?**
  몇 시까지 주차가 유료인가요?

- **From what time is parking free?**
  몇 시부터 주차가 무료인가요?

- **The parking lot is full here.**
  여기는 만차예요.

- **Can I park overnight?**
  밤새 주차할 수 있나요?

UNIT

41

I just want to tidy it up a bit.

머리숱만 좀 치려고요.

A   Welcome! Do you have a reservation?

B   Yes, it's under the name Eddie.

A   Great, I've got it. Please have a seat over here. Are you here for a haircut?

B   Yeah, my hair's a mess, so I just want to tidy it up a bit.

A   I see. Your hair is quite curly. By the way, we're currently offering a discount on straight perms.

B   Oh, really? I've never tried a straight perm before. Won't it look weird on me?

A   Actually, it gives a neat and low-maintenance look.

B   Oh, I had no idea. I'll think about it.

A 어서 오세요! 예약하셨어요?

B 네, 에디라는 이름으로 예약했어요.

A 네, 확인했습니다. 이쪽 자리로 앉으세요. 커트하실 건가요?

B 네, 머리가 지저분해서, 그냥 숱 좀 치려고요.

A 알겠습니다. 머리가 곱슬이시네요. 저희가 스트레이트 파마를 할인 중이에요.

B 그래요? 스트레이트 파마는 한 번도 안 해 봤는데. 너무 어색하지는 않을까요?

A 오히려 깔끔하고 관리하기가 쉬워요.

B 아, 그건 몰랐어요. 생각해 볼게요.

어서 오세요! 예약하셨어요?	Welcome! Do you have a reservation?
네, 확인했습니다. 이쪽 자리로 앉으세요.	Great, I've got it. Please have a seat over here. · take a seat 자리에 앉다
커트하실 건가요?	Are you here for a haircut?
알겠습니다. 머리가 곱슬이시네요.	I see. Your hair is quite curly.
저희가 스트레이트 파마 할인 중이에요.	By the way, we're currently offering a discount on straight perms.
오히려 깔끔하고 관리하기가 쉬워요.	Actually, it gives a neat and low-maintenance look. · clean 깔끔한
천천히 결정하세요.	Take your time to decide.
질문이 있으시거나 도움이 필요하면 언제든지 물어보세요.	If you have any questions or need assistance, feel free to ask. · help 도움 · don't hesitate 주저하지 않다
몇 가지 옵션을 보여 드리겠습니다.	Let me show you a few options. · a couple of 몇 개의
레이어드 컷은 어떠세요? 얼굴의 각도를 부드럽게 해 줄 수 있습니다.	How about a layered cut? It can soften the angles of your face.

네, 에디라는 이름으로
예약했어요.

Yes, I made a reservation under the name Eddie.

머리가 지저분해서, 그냥 숱 좀
치려고요.

My hair's a mess, so I just want to tidy it up a bit.

그래요? 스트레이트 파마는 한
번도 안 해 봤는데.

Oh, really? I've never tried a straight perm before.

너무 어색하지는 않을까요?

Won't it look weird on me?
> ⌐ Do you think it would look weird?
>   이상할 것 같으세요?

아, 그건 몰랐어요. 생각해
볼게요.

Oh, I had no idea. I'll think about it.

혹시 동그란 얼굴에 어울리는
헤어스타일을 추천해 주실 수
있나요?

Actually, do you have any recommendations for a hairstyle that suits a round face?
> ⌐ goes well with ~ ~에 적합한

그럼 좋겠네요.

That would be great.

새로운 스타일을 시도하는 것에
대해 열려 있습니다.

I'm open to trying something new.
> ⌐ willing to try 해 볼 의향이 있는

Q

쌤! 미용실에서 다양한 헤어스타일을 요청할 수 있잖아요. 제가 원하는 머리를 제대로 설명하려면 헤어스타일의 종류를 영어로도 알아야 할 것 같아요.

맞아요. 우리나라에서 쓰는 헤어스타일 이름과 영어가 다른 경우도 많아서 알아 두는 것이 좋아요. 미국에서 가장 인기 있는 헤어스타일을 몇 가지 알려 드릴게요.

Crew cut
크루 컷. 전체적으로
1인치 이하의 짧은 길이의
스타일

Fade
머리 윗부분은 길이감이 있고,
옆과 뒤는 내려오면서
점차적으로 짧아지는 스타일

Undercut
옆면과 뒷부분을 매우 짧게
자르고 윗부분은
길게 스타일링하는 방식

Side part
가르마를 강하게 가른 후,
머리카락을 반대쪽으로 빗어서
스타일링하는 방식

Pompadour
이마에서부터 뒤로 빗어서
머리 위에 높게 솟아오르도록
스타일링하는 방식

Pixie cut
보통 뒤와 옆은 짧게 자르고
윗부분은 길게 스타일링하여
세련되게 연출

Layered cut
길이와 질감을 다양하게
조합하여 부드러운 느낌부터
현대적인 느낌까지 연출

Ponytail
머리를 높게 또는 낮게
하나로 묶는 스타일.
분위기에 맞게 다양하게 연출

Updo
올림머리. 파티에서 선호하는
깔끔하고 세련된 스타일.
분위기에 맞게 다양하게 연출

UNIT

42

How long have you been hitting the gym?

헬스하신 지 얼마나 되셨어요?

A Hey, how long have you been hitting the gym?

B About two years now. It's become a routine for me.

A Impressive! You look amazing. Any tips for a newbie like me?

B Focus on form and stay consistent. Oh, and don't forget to stretch before and after your workout!

A Thanks! Apart from the gym, do you play any other sports?

B I'm really into basketball. I've been playing since middle school.

A Nice! We should shoot some hoops together sometime.

A 안녕하세요. 혹시 헬스하신 지 얼마나 되셨어요?

B 2년 정도 했어요. 이젠 제 일상의 루틴이 되었어요.

A 대단하네요! 몸이 너무 좋아요. 저 같은 초보에게 주실 조언이 있을까요?

B 정확한 자세에 집중하시고 꾸준해야 해요. 아, 운동 전후로 스트레칭하는 거 잊지 마시고요!

A 감사합니다! 헬스 외에 다른 운동도 하세요?

B 저는 농구를 엄청 좋아해요. 중학교 때부터 했어요.

A 그렇군요! 언제 시간 되시면 같이 농구해요.

2년 정도 했어요. 이젠 제 일상의 루틴이 되었어요.

About two years now. It's become a routine for me.

· part of my life 인생의 일부

정확한 자세에 집중하시고 꾸준해야 해요.

Focus on form and stay consistent.

아, 운동 전후로 스트레칭하는 거 잊지 마시고요!

· remember 기억하다

Oh, and don't forget to stretch before and after your workout!

저는 농구를 엄청 좋아해요.

I'm really into basketball.

· I'm a runner 저는 러닝을 좋아해요
I love playing golf 저는 골프 치는 거 좋아해요

중학교 때부터 (농구를) 쭉 했어요.

I've been playing since middle school.

그쪽은요? 다른 운동 뭐하세요?

What about you? Do you play other sports?

주변에 사시면 같이 등산해도 좋겠어요.

If you live around here, we could plan a hiking trip.

오늘 운동 열심히 하세요!

Have a good workout!

SPEAKING

안녕하세요, 혹시 헬스하신 지 얼마나 되셨어요?	**Hey, how long have you been hitting the gym?** ・working out (헬스) 운동하다
대단하네요! 몸이 너무 좋아요.	**Impressive! You look amazing.**
저 같은 초보에게 주실 조언이 있을까요?	**Any tips for a newbie like me?**
헬스 외에 다른 운동도 하세요?	**Apart from the gym, do you play any other sports?** ・do you have other hobbies? 다른 취미는 뭐가 있으세요?
그렇군요! 언제 시간 되시면 같이 농구해요.	**Nice! We should shoot some hoops together sometime.**
저는 요즘 등산에 빠졌어요.	**I've been getting into hiking.** ・I've been taking swimming lessons 요즘 수영 레슨 받고 있어요
다음에 또 같이 운동해요.	**Let's hit the gym together next time.**

WHAT'S UP
에디 쌤!

Q

쌤! 헬스도 좋지만 취미로 즐길 수 있는 다양한 운동들이 있잖아요. 미국에서 흔히 하는 운동 종목에 대해서 몇 가지 알려 주세요.

요즘 건강을 위해 운동하는 분들이 많아졌어요. 그만큼 취미로 즐길 만한 운동들도 많은데요. 제가 즐겨 하는 것들과 한 번쯤 접해 봐도 좋을 만한 운동들을 소개해 드릴게요.

CrossFit
크로스 핏

Football
미식축구

Pilates
필라테스

Combat sports
격투 스포츠

Gymnastics
체조

Aquatics
수상 스포츠

Archery
양궁

Shooting
사격

E-sports
e스포츠

UNIT

43

How many sets do you have left?

몇 세트 남으셨어요?

A   Excuse me. How many sets do you have left?

B   I just started, but you can work in if you want.

A   Are you sure?

B   Of course. I just finished a set, so go ahead.

A   Thanks. I guess you're hitting chest today?

B   Yeah, chest and triceps. What about you?

A   I was going to hit legs, but I decided to hit chest instead.

B   I feel you. Leg day is tough.

A   저기요. 혹시 몇 세트 남으셨어요?
B   방금 막 시작하긴 했는데, 원하시면 같이 쓰셔도 돼요.
A   정말요?
B   물론이죠. 저 방금 한 세트 끝냈으니, 바로 하세요.
A   감사해요. 오늘 가슴 운동하는 날이신가 봐요?
B   맞아요. 가슴이랑 삼두요. 그쪽은요?
A   오늘 하체 하려고 했는데, 그냥 가슴 운동하기로 했어요.
B   히히, 그렇군요. 히체 운동이 힘들긴 하죠.

방금 막 시작하긴 했는데, 원하시면 같이 쓰셔도 돼요.	**I just started, but you can work in if you want.** · feel free to work in 편하게 같이 사용해요
물론이죠. 저 방금 한 세트 끝냈으니, 바로 하세요.	**Of course. I just finished a set, so go ahead.** · completed 다 끝났다
맞아요, 가슴이랑 삼두요. 그쪽은요?	· back and biceps 등과 이두 **Yeah, chest and triceps. What about you?**
하체 운동이 힘들긴 하죠.	**Leg day is tough.** · hard 어려운 / rough 쉽지 않은
몸이 되게 좋으시네요.	**You're in great shape.** · extremely fit 몸이 굉장히 좋은
저는 헬스를 두 달 전에 막 시작했어요.	**I just started working out two months ago.**
요가 수업을 몇 개 들었어요.	**I've taken a few yoga classes.** spinning 스피닝(사이클링) · boxing 복싱 dance 춤
수업들이 은근히 힐링돼요.	**The classes are very relaxing.**
별 말씀을요! 남은 운동 잘 하세요.	**No problem! Have a great workout.**

저기요. 혹시 몇 세트 남으셨어요?	Excuse me. How many sets do you have left?
정말요?	Are you sure?
감사해요. 오늘 가슴 운동하는 날이신가 봐요?	Thanks. I guess you're hitting chest today? • training 운동하는
오늘 하체 운동하려고 했는데, 그냥 가슴 운동하기로 했어요.	• planning 계획하는 I was going to hit legs, but I decided to hit chest instead.
더 이상 하체 운동을 거르면 안 되는데 말이죠.	I shouldn't skip any more leg days.
저는 작년부터 보디 빌딩에 흥미가 생겼어요.	I've been taking bodybuilding seriously since last year.
여기 시설이 정말 마음에 들어요.	I really like the facilities here.
여기서 제공하는 피트니스 수업을 들어 보셨나요?	Have you tried any of the fitness classes they offer?
언제 한번 들어 봐야겠네요.	I'll have to check them out sometime.
어쨌든, 기구 같이 쓰게 해 주셔서 감사해요.	Anyways, thanks for letting me work in with you.

Q

쌤! 저는 헬스를 막 시작했는데, 생소한 용어가 많더라고요. 심지어 영어로는 아예 생각이 안 나는 것 같아요. 헬스장에서 꼭 알아야 할 영어 표현들 알려 주세요~

의학 용어와 패션 용어가 따로 있듯이, 헬스장에서도 쓰는 용어가 따로 있어요. 헬스를 깊이 하지 않는다면 다소 생소할 수도 있죠. 헬스장에서 주로 혼자 운동을 하기 때문에 대화를 할 일이 있을까 하는 의문이 들 수도 있을 텐데요. 새로 만나는 사람들과 정보도 나누고 서로 운동을 도울 수도 있답니다. 헬스장에서 제가 가장 많이 하는 질문들을 모아 봤어요.

- **What's your split?**
  어떤 분할로 운동하세요?

- **Can you spot me?**
  저 보조 좀 해 주실 수 있나요?

- **Do you need a spot?**
  보조해 드릴까요?

- **Can I work in with you?**
  (세트 사이에) 기구 같이 써도 돼요?

- **What are you hitting today?**
  오늘 어느 부위 운동하세요?

- **Are you almost done with that?**
  그 기구 거의 다 쓰셨나요?

- **How many sets do you have left?**
  몇 세트 남으셨나요?

- **How long have you been working out?**
  운동한 지 얼마나 되셨어요?

UNIT 44

I'd like to buy a ticket for the movie.

영화 표를 좀 사고 싶은데요.

A   Hi, I'd like to buy a ticket for the movie '21.'

B   Sure thing. What time would you like to see it?

A   The 9 PM showing, please.

B   Great, that will be $14.50. Are you a student by any chance?

A   No, I'm not.

B   Alright, then your total is $14.50. Do you want to add any snacks or drinks?

A   Yes, I'd like a large popcorn and a Coke, please.

B   Okay, that's an extra $9.50. Your total is now $24.

A 안녕하세요, 영화 '21'의 표를 사고 싶은데요.
B 물론이죠. 몇 시 것으로 보시겠어요?
A 오후 9시 것으로 주세요.
B 네, 14.50달러입니다. 혹시 학생이신가요?
A 아니요.
B 네, 그럼 총 14.50달러입니다. 간식이나 음료를 추가하고 싶으신가요?
A 네, 팝콘 라지 사이즈랑 콜라 한 잔 주세요.
B 알겠습니다. 추가로 9.50달러입니다. 총 24달러입니다.

물론이죠. 몇 시 것으로 보시겠어요?

Sure thing. What time would you like to see it?

네, 14.50달러입니다. 혹시 학생이신가요?

· that comes out to be 총 금액은 ~이에요
Great, that will be $14.50. Are you a student by any chance?
· military veteran 군인

간식이나 음료를 추가하고 싶으신가요?

Do you want to add any snacks or drinks?

추가로 9.50달러입니다.

That's an extra $9.50.
· additional 추가로

총 24달러입니다.

Your total is now $24.

감사합니다. 카드를 기기에 삽입하시면 됩니다.

Thank you. Please insert your card into the reader. · slide 긁다

영화 '21' 표 여기 있습니다. 좋은 관람 되세요!

Great, here's your ticket for '21.' Enjoy the movie!

3번 상영관은 오른쪽 복도 끝에 있습니다.

Theater 3 is to your right and down the hall.
· and take a left at the bathroom
그리고 화장실에서 왼쪽으로 가시면 됩니다

안녕하세요, 영화 '21'의 표를 사고 싶은데요.

→ purchase 구매하다

Hi, I'd like to buy a ticket for the movie '21.'

오후 9시 것으로 주세요.

The 9 PM showing, please.

네, 팝콘 라지 사이즈랑 콜라 한 잔 주세요.

Yes, I'd like a large popcorn and a Coke, please.

→ caramel popcorn 캐러멜 팝콘
buttered popcorn 버터 팝콘
cheese popcorn 치즈 팝콘

네, 신용카드로 할게요.

Alright, here's my credit card.

3번 상영관이 어디에 있는지 알려 주실 수 있나요?

Can you tell me where theater 3 is located?

→ how I can get to theater 3
3번 상영관은 어떻게 가는지

티켓을 취소하고 환불 가능한가요?

Can I cancel my ticket and get a refund?

상영 시간을 바꿀 수 있나요?

Can I change my viewing time?

가운데 자리로 부탁드려요.

I'll do the middle seat in the middle row.

쌤! 미국에 가서 영화를 보러 가면 용어를 잘 알고 있어야 실수하지 않고 관람할 수 있을 것 같아요. 영화관과 관련된 표현은 어떤 것이 있을까요?

개인적으로 영화를 굉장히 좋아하는 사람으로서 미국에서도 영화관에 자주 가요. 집에서 모바일로 미리 상영 시간을 확인하고 예매를 하거나 직접 가서 티켓을 구매했죠. 영화관에 가면 알아 둬야 할 표현 몇 가지를 알려 드릴게요.

Showtime

상영 시간

Box office

매표소

Theater

상영관

Concession stand / Snack bar

팝콘 & 음료 판매대

Screen

상영 스크린

Cashier

직원

UNIT 45

I think you're in my seat.

제 자리에 앉으신 것 같아요.

A   Excuse me, I think you're in my seat.

B   Oh, I'm sorry! Let me check my ticket.

A   No problem. Which seat number are you in?

B   I'm in seat D8. What about you?

A   I have seat D6, so I think you might be in the wrong seat.

B   Oh, you're right. I must have read my ticket wrong.

A   It happens. Do you need help finding your seat?

B   No, I think I can find it.
Thanks for letting me know.

A   실례합니다만, 제 자리에 앉으신 것 같아요.
B   아, 죄송해요! 제 표를 다시 한번 확인해 볼게요.
A   괜찮아요. 몇 번 좌석으로 되어 있나요?
B   D8번 좌석이에요. 그쪽은요?
A   저는 D6 좌석이어서, 잘못 앉으신 것 같아요.
B   아, 그러네요. 제가 좌석표를 잘못 봤나 봐요.
A   그럴 수도 있죠. 자리 찾는 것 도와드릴까요?
B   괜찮습니다, 찾을 수 있을 것 같아요. 알려 주셔서 감사해요.

아, 죄송해요! 제 표를 다시 한번 확인해 볼게요.	• my bad 죄송해요 Oh, I'm sorry! Let me check my ticket. • double-check 다시 한번 확인하다
D8번 좌석이에요. 그쪽은요?	I'm in seat D8. What about you?
아, 그러네요. 제가 좌석표를 잘못 봤나 봐요.	Oh, you're right. I must have read my ticket wrong.
괜찮습니다, 찾을 수 있을 것 같아요.	No, I think I can find it.
알려 주셔서 감사해요.	Thanks for letting me know. • telling me 알려 주셔서
영화 정말 기대되네요.	I'm really excited to see this movie. • stoked/pumped 정말 기대되는
아, 제 자리는 저쪽에 있네요. 다음에 봬요!	Oh, my seat is over here. See you later!

실례합니다만, 제 자리에 앉으신 것 같아요.

Excuse me, I think you're in my seat.
in the wrong seat 잘못된 자리에

괜찮아요. 몇 번 좌석으로 되어 있나요?

No problem. Which seat number are you in?

저는 D6 좌석이어서, 잘못 앉으신 것 같아요.

I have seat D6, so I think you might be in the wrong seat.

그럴 수도 있죠. 자리 찾는 것 도와드릴까요?

It happens. Do you need help finding your seat?
looking for 찾다

영화 재밌게 보세요.

Enjoy the movie.
show 쇼

상영관을 잘못 찾으신 것 같아요.

I think you're in the wrong theater.

(이 영화) 일주일 내내 기대하고 있었거든요.

I've been looking forward to it all week.
counting down the hours since last week
지난주부터 세고 있었다

그 좌석은 제 바로 뒷자리예요.

That seat is right behind mine.

WHAT'S UP 에디 쌤!

Q

쌤! 영화도 책처럼 장르가 많잖아요. 우리말이랑 비슷한 장르 이름도 있지만, 영어로 알아 둬야 하는 것도 있는 것 같아요. 영화 장르에 대해서 영어로 소개해 주세요~

우리나라에서 부르는 영화의 장르가 거의 영어와 같기 때문에 따로 외울 필요는 없지만, 어떤 장르들이 있는지를 알아 두는 것은 도움이 될 거예요. 평소에 좋아하는 영화 장르는 어떤 것이 있나요? 알아 뒀다가 대화에 유용하게 사용해 보세요.

Action
액션

Romantic Comedy
로맨틱 코미디

Science Fiction
공상 과학

Animation
애니메이션

Fantasy
판타지

Adventure
모험

UNIT

46

What are my options?

티켓 종류가 어떻게 되나요?

A Hi, I'd like to buy a ticket to Disneyland.

B Great, which type of ticket would you like?

A I'm not sure. What are my options?

B We have a one-day ticket, a two-day ticket, and a park hopper ticket that allows you to visit both Disneyland and California Adventure.

A Hmm, I think I'll go with the one-day ticket.

B Alright, that will be $129. Is there anything else I can help you with?

A Actually, yes. Is there a map of the park?

B Yes, we have park maps available at the entrance.

A 안녕하세요. 디즈니랜드 티켓 한 장 사려고요.
B 네, 어떤 종류의 티켓을 찾으시나요?
A 잘 모르겠어요. 티켓 종류가 어떻게 되나요?
B 1일 이용권, 2일 이용권, 그리고 디즈니랜드와 캘리포니아 어드벤처를 모두 방문할 수 있는 공원 호퍼 티켓이 있습니다.
A 음, 그럼 1일 이용권으로 할게요.
B 네, 129달러입니다. 뭐 다른 건 도와드릴 것이 있나요?
A 아, 네. 혹시 공원 지도가 있나요?
B 물론이죠. 입구에 공원 지도가 있어요.

네, 어떤 종류의 티켓을 찾으시나요?

Great, which type of ticket would you like? are you looking for 찾으시나요 ·┘

1일 이용권, 2일 이용권, 그리고 디즈니랜드와 캘리포니아 어드벤처를 모두 방문할 수 있는 공원 호퍼 티켓이 있습니다.

We have a one-day ticket, a two-day ticket, and a park hopper ticket that allows you to visit both Disneyland and California Adventure.

네, 129달러입니다. 뭐 다른 건 도와드릴 것이 있나요?

Alright, that will be $129. Is there anything else I can help you with?

물론이죠, 입구에 공원 지도가 있어요.

Yes, we have park maps available at the entrance.

디즈니랜드 앱을 다운로드 받으시면 모바일 지도를 보실 수 있습니다.

You can also download the Disneyland app on your phone for a digital map.

인파를 피하시려면 좀 일찍 오시는 것을 추천해요.

suggest 추천하다 ┌─── ·arriving 도착하다 ┐

I recommend getting here early to beat the crowds.
└─· avoid long waits 많이 기다리지 않다

또, 긴 줄에서 기다리는 것을 피하시려면 패스트패스 시스템을 사용해 보세요.

Also, make use of our FastPass system to avoid waiting in long lines.

티켓 뒷면에 나와 있는 저희 공원의 규칙과 규정만 지켜 주세요.

Just be aware of our park rules and regulations, which are listed on the back of your ticket.

| 안녕하세요, 디즈니랜드 티켓 한 장 사려고요. | Hi, I'd like to buy a ticket to Disneyland. → purchase 구매하다 |

| 잘 모르겠어요. 티켓 종류가 어떻게 되나요? | I'm not sure. What are my options? |

| 그럼 1일 이용권으로 할게요. | → do (결정) 하다
I think I'll go with the one-day ticket. |

| 혹시 공원 지도가 있나요? | Is there a map of the park? |

| 디즈니랜드에 처음 오는 사람이 알아야 할 게 있나요? | Do you have any advice for someone visiting the park for the first time? |

| 들어가기 전에 제가 또 알아야 할 것들이 있나요? | Is there anything else I should know before I go in? → enter 입장하다 |

Q

쌤! 저는 놀이공원을 정말 좋아하는데요. 디즈니랜드에 가 보는 게 버킷리스트 중 하나예요.
디즈니랜드에 가면 꼭 타야 할 놀이기구들은 뭐가 있나요?

디즈니를 평소에 좋아하는 사람으로서, 이 질문은 그냥 넘어갈 수가 없네요. 디즈니랜드
는 애니메이션에서만 보던 것을 직접 볼 수 있는 꿈의 나라예요. 디즈니랜드에 가시면 꼭
경험해 봐야 할 놀이기구 몇 가지를 알려 드릴게요.

- **Space Mountain** 스페이스 마운틴
  실내 롤러코스터이고, 특수 효과와 음악으로 우주 여행을 즐길 수 있는 놀이기구입
  니다.

- **Pirates of the Caribbean** 캐리비안의 해적
  배를 타고 가는 놀이기구로, 해적이 침공한 캐리비안 마을을 테마로 애니매트로닉
  인형과 해적 스토리가 있는 인기 놀이기구입니다.

- **Haunted Mansion** 유령의 집
  이 놀이기구는 유령이 출몰하는 공포의 저택을 테마로 하며, 유령 특수 효과와 함께
  유명한 테마송을 즐길 수 있는 놀이기구입니다.

- **Indiana Jones Adventure** 인디애나 존스 어드벤처
  이 놀이기구는 영화 <인디애나 존스> 시리즈에서 영감을 받아 만들어졌고, 고대 유
  적과 함정을 넘어가는 모험을 즐길 수 있는 놀이기구입니다.

- **It's a Small World** 작은 세상
  배를 타고 세계의 다양한 지역을 여행하는 놀이기구로, 전통 복장을 입은 애니매트
  로닉스 인형들이 "작은 세상"이라는 유명한 노래를 불러 줍니다.

UNIT 47

Can you make my legs look long?

다리가 길어 보이게 찍어 주시겠어요?

A   Excuse me, do you mind taking a photo of me in front of this painting?

B   Sure, no problem. Here, give me your phone.

A   Thank you so much.

B   You're welcome. How do you want me to take it? Any specific angle or pose?

A   Can you just try to make my legs look long?

B   Got it. I'll try. You can try facing the camera. That can help make your legs look longer than they are.

A   Wow, thank you so much!

B   Sure, here you go. What do you think?

A   They're amazing!

A   실례합니다만, 이 그림 앞에서 사진 좀 찍어 주시겠어요?
B   물론이죠. 휴대폰 주세요.
A   정말 감사해요.
B   천만에요. 어떻게 찍어 드릴까요? 원하시는 구체적인 각도나 포즈가 있으신가요?
A   그냥 다리가 길어 보이게 찍어 주시겠어요?
B   그럼요. 노력해 볼게요. 카메라를 정면으로 쳐다보세요. 다리가 더 길어 보이게 할 수 있어요.
A   와, 정말 감사합니다!
B   네, 여기요. 어때요?
A   너무 잘 나왔어요!

물론이죠. 휴대폰 주세요.	**Sure, no problem. Here, give me your phone.**
어떻게 찍어 드릴까요?	**How do you want me to take it?**
원하시는 구체적인 각도나 포즈가 있으신가요?	**Any specific angle or pose?**
	↳ particular 특정한
노력해 볼게요. 카메라를 정면으로 쳐다보세요. 다리가 더 길어 보이게 할 수 있어요.	**I'll try. You can try facing the camera. That can help make your legs look longer than they are.**
절 믿어 보세요. 효과가 있어요. 똑바로 서서 웃어 보세요.	**Trust me. It works. Just stand up straight and smile.**
완벽해요! 멋져요!	**Perfect! You look great!**
사실 취미로 사진작가 일을 해서 사진 찍는 것에 대해 잘 알고 있어요.	**I'm actually a photographer by hobby so I know a thing or two about taking good photos.**
그럼요, 여기요. 어때요?	**Sure, here you go. What do you think?**

200

실례합니다만, 이 그림 앞에서 사진 좀 찍어 주시겠어요?	**Excuse me, do you mind taking a photo of me in front of this painting?**
그냥 다리가 길어 보이게 찍어 주시겠어요?	**Can you just try to make my legs look long?**
그렇게 하면 키가 작아 보일 줄 알았어요.	**I thought that would make me look shorter.** · imagined (그렇게) 생각했다
지금은 어때요?	**How about now?** · How do they look now? 이젠 어떤가요?
정말 다재다능하시네요!	**Well, you're very talented!**
사진 좀 볼 수 있을까요?	**Can I see the photos?**
너무 잘 나왔어요!	**They're amazing!**
저는 기념 사진 남기는 걸 좋아해요.	**I like taking commemorative photos.**

Q

쌤! 남는 건 사진뿐이라고 하잖아요. 여행을 가면 필수로 사진을 꼭 남겨야 하는데, 사진을 찍을 때 알아 둬야 하는 영어 표현이 있을까요?

여행을 가면 사진은 꼭 찍어야죠! 만약 주변에 지인이 없으면 모르는 사람에게라도 사진을 부탁을 해야 할 상황이 옵니다. 사진을 찍어 달라고 부탁하는 표현을 포함해서 사진을 찍을 때 알아 두면 좋은 표현들을 알려 드릴게요.

- **Can you please take a picture of me?**
  사진 좀 찍어 주실 수 있나요?

- **Would you mind taking a picture of me?**
  사진 좀 찍어 주실 수 있나요?

- **Get closer.**
  가까이 붙으세요.

- **Can the taller one of you stand in the back?**
  키 큰 분이 뒤로 서시겠어요?

- **Smile! / Say cheese!**
  웃으세요!

- **You closed your eyes. Should we try again?**
  눈을 감으셨어요. 다시 한번 찍어 볼까요?

- **There's backlighting.**
  역광이네요.

- **I think the pictures will come out better over there.**
  저쪽에서 찍는 게 더 잘 나올 것 같아요.

UNIT

48

I need to call an ambulance for my friend.

친구를 위해 구급차를 불러야 해요.

A Hello, is this 911? I need to call an ambulance for my friend.

B Yes, this is 911. What's your emergency?

A My friend fell down the stairs and hurt his head pretty badly. He's bleeding.

B Okay, stay calm. What's your location?

A We're at the Hilton Hotel on 5th Avenue.

B Got it. Can you tell me your friend's name and age?

A His name is Sean Lee and he's 28 years old.

B Okay, I've relayed that information to the ambulance crew. They should be there within a few minutes.

A Thank you. We're both really scared.

A 여보세요, 911인가요? 친구를 위해 구급차를 불러야 해서요.

B 네, 911입니다. 무슨 일이세요?

A 친구가 계단에서 넘어져서 머리를 많이 다쳤어요. 피를 흘리고 있어요.

B 네, 일단 침착하세요. 위치가 어디세요?

A 5번가에 있는 힐튼 호텔에 있어요.

B 알겠습니다. 친구의 이름과 나이를 알려 주실 수 있나요?

A 이름은 션 리, 나이는 28살입니다.

B 알겠습니다. 모든 정보는 구급차 요원들에게 전달했어요. 몇 분 안에 거기에 도착할 거예요.

A 감사합니다. 저희 둘 다 너무 무서워요.

네, 911입니다. 무슨 일이세요?	**Yes, this is 911. What's your emergency?**
네, 일단 침착하세요. 위치가 어디세요?	**Okay, stay calm. What's your location?** · Where are you located? 현재 위치가 어디세요?
알겠습니다. 친구의 이름과 나이를 알려 주실 수 있나요?	**Got it. Can you tell me your friend's name and age?**
호흡은 정상인가요?	**Is he breathing normally?** at all 조금이라도 ·
구급차를 지금 바로 보내겠습니다.	**I'm sending an ambulance to your location.**
친구가 알레르기나 다른 병력이 있는지 알려 주실 수 있나요?	**Can you tell me if he has any medical conditions or allergies?**
모든 정보는 구급차 요원들에게 전달했어요. 몇 분 안에 거기에 도착할 거예요.	**I've relayed that information to the ambulance crew. They should be there within a few minutes.**
친구와 함께 계시면서 편안하게 해 주세요.	**Stay with your friend and keep him comfortable.**
구급차가 도착할 때까지 전화를 끊지 마시고, 무슨 일이 있으면 저에게 알려 주십시오.	· Don't hang up 전화를 끊지 마세요 **Stay on the line until the ambulance arrives and keep me updated if anything changes.**

여보세요, 911인가요? 친구를 위해 구급차를 불러야 해서요.	Hello, is this 911? I need to call an ambulance for my friend.
친구가 계단에서 넘어져서 머리를 많이 다쳤어요.	• tripped 넘어졌다, 걸려 넘어졌다 My friend fell down the stairs and hurt his head pretty badly. • injured 다친
피를 흘리고 있어요.	He's bleeding.
5번가에 있는 힐튼 호텔에 있어요.	We're at the Hilton Hotel on 5th Avenue.
이름은 션 리, 나이는 28살입니다.	His name is Sean Lee and he's 28 years old.
잘 모르겠어요. 확인해 보겠습니다.	I'm not sure. Let me check.
네, 숨은 쉬고 있는데 얕아요.	Yes, he's breathing but it's shallow.
천식 병력은 있지만 알레르기는 없어요.	He has a history of asthma, but no known allergies.
감사합니다. 저희 둘 다 너무 무서워요.	Thank you. We're both really scared. terrified 매우 두려운 ↵

Q

쌤! 여행을 하다가 아픈 상황이 올 수도 있잖아요? 그런데 아프다고 소통하는 것도 영어로 뭐라고 하는지 모르면 더 서러울 것 같아요. 여행하다 아플 때 꼭 알아야 할 영어 표현들 좀 알려 주세요~

우리가 아프면 알던 영어 표현도 그 자리에서 안 떠오르게 마련이죠. 제대로 말을 못하면 치료가 지연될 수도 있습니다. 이런 상황을 방지하기 위해, 여행할 때 꼭 알아 두면 좋은 영어 표현 몇 가지 알려 드릴게요.

- **I hurt/injured my arm.**
  팔을 다쳤어요.

- **I have a mild fever.**
  미열이 있어요. (약한 몸살)

- **It hurts when I move.**
  움직일 때 아파요.

- **I sprained my ankle.**
  발목을 삐었어요.

- **I'm allergic to ~.**
  ~(음식)에 알레르기가 있어요.

- **He ruptured his ligament.**
  그는 인대가 파열됐어요.

- **I'm feeling dizzy/unwell.**
  현기증이 나요/몸이 안 좋아요.

- **I'm feeling under the weather.**
  몸 컨디션이 안 좋아요.

- **I'm coming down with something.**
  조금씩 아프기 시작하는 것 같아요.

UNIT

49

I'm here to pick up my prescription.

처방약을 받으러 왔어요.

A Hi, I'm here to pick up my prescription.

B Sure. Can I have your name and date of birth, please?

A My name is Eddie Lee and my date of birth is August 28th, 1999.

B Thank you. I see your prescription here. It looks like you have some painkillers and anti-inflammatory medication.

A That's correct. Do I need to sign anything?

B No, you're good to go.

A Okay, great. How much do I owe?

B The total will be $20.

A 안녕하세요, 처방약을 받으러 왔어요.

B 네, 성함과 생년월일을 말씀해 주시겠어요?

A 이름은 에디 리이고 생년월일은 1999년 8월 28일입니다.

B 감사합니다. 여기 처방전이 보이네요. 진통제와 소염제를 처방 받으셨네요.

A 맞아요. 제가 서명해야 할 게 있나요?

B 아니요, 그냥 가셔도 됩니다.

A 네, 알겠습니다. 제가 얼마를 내면 되죠?

B 총 20달러입니다.

네. 성함과 생년월일을 말씀해 주시겠어요?

Sure. Can I have your name and date of birth, please?

여기 처방전이 보이네요.

I see your prescription here.

진통제와 소염제를 처방 받으셨네요.

It looks like you have some painkillers and anti-inflammatory medication.

보험 정보는 병원 예약하셨을 때 이미 파일에 저장됐어요.

Your insurance information is already on file from when you had your doctor's appointment.

일반적으로 진통제와 항염증제는 하루에 두 번 음식과 함께 먹으면 됩니다.

Generally, you can take the painkillers and the anti-inflammatory medication with food twice a day.

· three times a day 하루에 세 번

진통제는 졸음을 유발할 수 있어요.

The painkillers can cause drowsiness.

소염제는 배를 아프게 할 수 있으니, 반드시 지시사항을 따라 음식과 함께 복용하세요.

The anti-inflammatory medication can upset your stomach, so be sure to follow the instructions and take it with food.

안녕하세요, 처방약을 받으러 왔어요.	**Hi, I'm here to pick up my prescription.**
이름은 에디 리이고 생년월일은 1999년 8월 28일입니다.	**My name is Eddie Lee and my date of birth is August 28th, 1999.**
맞아요. 제가 서명하거나 보험 정보를 알려 드려야 할 게 있나요?	**That's correct. Do I need to sign anything or provide my insurance information?**
네, 알겠습니다. 제가 얼마를 내면 되죠?	**Okay, great. How much do I owe?** pay 지불하다 ⏎
약은 언제 복용해야 하나요?	**When should I take these medications?**
제가 알아야 할 약의 부작용들이 있나요?	**Are there any side effects I should be aware of?**
알려 주셔서 감사합니다!	**Thank you for letting me know!** the information 정보 ⏎

WHAT'S UP
에디 쌤!

쌤! 미국에서도 사람들이 자주 찾는 약 브랜드가 있나요? 미국에서 약국에 가야 할 때 대표적으로 찾을 수 있는 약 이름들을 알려 주세요.

우리나라에도 대표적으로 '소화제' 하면 떠오르는 브랜드, '두통약' 하면 떠오르는 브랜드가 있는 것처럼, 미국에도 사람들이 흔하게 찾고 유명한 약들이 있습니다. 언제 찾아올지 모르는 응급상황에 대비해서 미국에서 사람들이 자주 복용하고 찾는 약 브랜드와 흔한 영양제들을 알려 드릴게요.

Advil
진통제이자 소염제

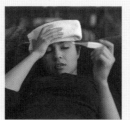

Tylenol
진통제 및 해열제

Melatonin
수면 보조제

Multivitamins
종합 비타민

Probiotics
유산균

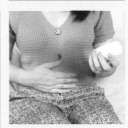

Digestive pills
소화제

UNIT

50

I'd like to report my credit card stolen.

신용카드 도난 신고를 하려고요.

A Hello, I'd like to report my credit card stolen.

B I'm sorry to hear that. Can you tell me your name and the card number, please?

A My name is Eddie Lee and the card number is 1627 0912 1116 0608.

B Thank you, Eddie. Have you contacted the police?

A Yes, I filed a report with them.

B Alright. We've frozen your card and will be sending you a new one. Is there anything else I can help you with?

A Yes. Is there any way to expedite the process of getting a new card?

B Let me see what I can do. I can expedite the shipping of the new card, but there may be an additional fee for that.

A 안녕하세요. 신용카드 도난 신고를 하려고요.
B 그러시군요(유감입니다). 성함과 카드 번호를 말씀해 주시겠어요?
A 이름은 에디 리이고, 카드 번호는 1627 0912 1116 0608입니다.
B 감사합니다. 에디 님. 경찰에 신고는 하셨나요?
A 네, 신고했어요.
B 알겠습니다. 카드를 정지하고 새 카드를 보내 드리겠습니다. 다른 건 도와드릴 것이 없나요?
A 네. 카드를 좀 더 빨리 발급 받을 수 있는 방법이 있나요?
B 한번 알아보겠습니다. 새 카드의 배송을 빠르게 진행할 수는 있지만, 추가 요금이 발생할 수 있습니다.

그러시군요(유감입니다).	I'm sorry to hear that.
성함과 카드 번호를 말씀해 주시겠어요?	Can you tell me your name and the card number, please?
카드에 몇 차례 승인되지 않은 요금이 결제됐네요.	I see here that there have been some unauthorized charges on your card.
경찰에 신고는 하셨나요?	Have you contacted the police? └ informed 알린
카드를 정지하고 새 카드를 보내 드리겠습니다.	We've frozen your card and will be sending you a new one.
한번 알아보겠습니다.	Let me see what I can do. └ I'll look into that 한번 알아볼게요
새 카드의 배송을 빠르게 진행할 수는 있지만, 추가 요금이 발생할 수 있습니다.	I can expedite the shipping of the new card, but there may be an additional fee for that. └ extra 추가적인
속달 배송비는 25달러입니다. 그렇게 진행하시겠습니까?	There will be a $25 expedited shipping fee. Would you like me to proceed?

신용카드 도난 신고를 하려고요.	**I'd like to report my credit card stolen.** ↱ My credit card has been stolen 제 신용카드를 도난 당했어요
이름은 에디 리이고, 카드 번호는 1627 0912 1116 0608입니다.	**My name is Eddie Lee and the card number is 1627 0912 1116 0608.**
네, (경찰에) 신고했어요.	**Yes, I filed a report with them.**
네. 제가 현재 미국을 여행 중이어서 다른 카드는 가지고 있지 않아요.	**Yes. I'm currently traveling in the US and I don't have any other cards with me.**
카드를 좀 더 빨리 발급 받을 수 있는 방법이 있나요?	speed up (과정 등을) 촉진시키다 ↴ **Is there any way to expedite the process of getting a new card?**
(추가 요금) 괜찮아요. 얼마 정도 될까요?	**That's fine. How much would that be?**
네, 그렇게 해 주세요. 도와주셔서 고맙습니다.	**Yes, please. Thank you for your help.** ↳ I appreciate it 감사합니다

Q

쌤! 여행을 하면서 지갑을 잃어버리거나 도난 당하면 너무 당황스러울 것 같은데요. 이럴 때 대화문에 나온 표현 외에 꼭 알아야 할 표현들이 있으면 알려 주세요.

돈이나 카드를 잃어버리면 기본적인 여행이나 생활이 어렵기 때문에 많이 당황스러울 수 있어요. 카드나 물건을 잃어버렸을 때 알아 두면 좋은 표현들을 외워 두시고, 돌발상황이 생겼을 때 신속하게 대처해 보세요.

유용한 표현

- **Fraudulent activity** 사기 행위
- **Report** 신고
- **Lost/stolen** 분실된/도난 당한
- **Freeze** (카드 사용 등을) 동결하다, 멈추다
- **Replacement card** 대체 카드
- **ID/Identification** 신분 증명
- **Security code** 보안 코드
- **Bank account** 은행 계좌

유용한 문장

- **My credit card was stolen.**
  제 신용카드가 도난 당했습니다.

- **Please freeze my credit card.**
  제 신용카드를 동결해 주세요.

- **I need a replacement card.**
  대체 카드가 필요합니다.

- **Can you confirm any fraudulent activity on my account?**
  제 계좌에서 사기 행위가 있는지 확인해 주실 수 있나요?